中国基础教育高质量发展丛书
总主编◎陈如平

综合实践活动课程探索

宋时春 ◎著

山东友谊出版社
·济南·

图书在版编目（CIP）数据

综合实践活动课程探索／宋时春著.—济南：山东友谊出版社，2022.2

（中国基础教育高质量发展丛书）

ISBN 978-7-5516-2489-3

Ⅰ.①综… Ⅱ.①宋… Ⅲ.①活动课程—教学研究—中小学 Ⅳ.①G632.3

中国版本图书馆CIP数据核字（2022）第027286号

综合实践活动课程探索
ZONGHE SHIJIAN HUODONG KECHENG TANSUO

责任编辑：陶　野　王雅楠
装帧设计：刘洪强

主管单位：山东出版传媒股份有限公司
出版发行：山东友谊出版社
　　　　　地址：济南市英雄山路189号　邮政编码：250002
　　　　　电话：出版管理部（0531）82098756
　　　　　　　　发行综合部（0531）82705187
　　　　　网址：www.sdyouyi.com.cn
印　　刷：济南乾丰云印刷科技有限公司

开本：710 mm×1 000 mm　1/16
印张：13.75　　　　　　　字数：248千字
版次：2022年2月第1版　　印次：2022年2月第1次印刷
定价：68.00元

目录

绪 论 ······001

第一章 综合实践活动课程的历史发展与学理分析 ······001
  第一节 综合实践活动课程的历史发展 ······003
  第二节 综合实践活动课程的学理分析 ······010

第二章 综合实践活动课程的内容与实施 ······023
  第一节 综合实践活动课程的内容 ······025
  第二节 综合实践活动课程的实施 ······034

第三章 综合实践活动课程的教师指导 ······067
  第一节 综合实践活动课程的教师角色及其定位 ······069
  第二节 综合实践活动课程的教师指导策略 ······077
  第三节 综合实践活动课程与教师专业成长 ······101

第四章 综合实践活动课程实施中的学生评价 ······107
  第一节 综合实践活动课程实施中学生评价的理念与原则 ······109
  第二节 综合实践活动课程实施中学生评价的实施要求 ······117
  第三节 综合实践活动课程实施中学生评价的设计 ······123

第五章　综合实践活动课程资源的开发与利用 ……………… 137

　　第一节　综合实践活动课程资源概述 ……………… 139

　　第二节　综合实践活动课程资源的开发 ……………… 147

　　第三节　综合实践活动课程资源的利用 ……………… 155

第六章　综合实践活动课程的实践反思与发展趋势 ……………… 167

　　第一节　综合实践活动课程的实践反思 ……………… 169

　　第二节　综合实践活动课程的发展趋势 ……………… 180

参考文献 ……………… 191

后　记 ……………… 195

绪 论

关于课程改革,加拿大学者迈克尔·富兰(Michael Fullan)有一句名言:"变革是一个过程,而不是一个事件。"课程改革是一个动态的、持续变革的过程,在不同的发展时期有着不同的目标和追求,因此学校课程会在一定时期内处于动态的调整过程之中。2001年,我国启动了新一轮基础教育课程改革,随后,用新的各学科课程标准取代原有的教学大纲,重新编写教材,体现课程的基础性、时代性和选择性。在课程实施过程中,面对社会发展的新要求和新出现的问题,教育部组织专家、学者,适时对课程方案和课程标准作出调整和修订,以优化课程结构和内容,更好地实现人才培养目标。在这个不断变革的过程中,综合实践活动课程也不断面临调整,折射出我国时代发展的新要求和课程政策的新定位。

一、我国基础教育课程改革的基本追求

(一)基础教育课程改革致力于整体主义的改革

新课程改革是一种整体主义的课程革新。所谓"整体主义"的革新,指的是从事物相互关联的角度观照所有的教育要素,整体推进教育改革。各种改革理念都不是割裂的,而是相通的,这意味着新课程改革的诸多举

措都不是孤立存在的，而是相互关联的。为了达到整体革新教育文化的目的，新课程改革在很多方面对传统的观念进行了颠覆和重建，譬如知识观、学习观、课堂观、评价观。显然，这些新的理念是彼此关照和呼应的。尤其是学生发展核心素养的提出，更强调学生整体性的必备品格和关键能力，这是整体主义课程改革的重要体现。

当今时代所要培养的人才是和谐发展的人才，这决定了新课程的实施需要一种宽广的视野和一以贯之的理念。因此，在具体落实新课程理念的过程中，一方面，我们要有一种整体意识，要认识到任何的改革举措都要服务于人的全面发展；另一方面，我们也要充分考虑教育教学行为的适切性，不能操之过急或矫枉过正。例如，《基础教育课程改革纲要（试行）》提出，"大力推进信息技术在教学过程中的普遍应用，促进信息技术与学科课程的整合，逐步实现教学内容的呈现方式、学生的学习方式、教师的教学方式和师生互动方式的变革"。这要求新课程的实施要注重课程教学与信息技术的整合。显然，这一举措的提出在于顺应信息化社会的要求，倡导教师积极运用先进的科学技术来提高教育教学的效果。然而，在课堂教学过程中，信息技术的运用却往往被推向了另一个极端。我们只要考察一下公开课就不难发现这种现象。公开课是中小学教师展示自己教学素养的舞台，也是引领新教学理念的重要场所。不管是哪种科目的公开课，往往成了多媒体等信息技术的"大比拼"，教师的工作就是娴熟地操作这些多媒体，让学生陶醉于通过技术手段营造出来的虚拟空间中。对于"满堂灌"和"填鸭式教学"，人们会毫不留情地去批判；看到信息技术的过度使用，我们也有理由担心：课堂教学是否会从"人灌"变成了"机灌"？当今是一个读图的时代，借助多媒体，人们可以较大程度上避开那些枯燥的文字符号，轻而易举地就可以获得来自视觉和听觉等多种感官的愉悦。然而，这有些像"快餐"，使用便捷，吸收到的营养却不一定均衡。课堂上不合理地使用多媒体，反而会限制学生对文字符号的感悟，弱化学生的思考力和想象力。也会导致有些教师满足于高科技的魅力，而不再追求教学的艺术性，这可能导致社会上流行的"娱乐文化"对课堂实施"殖民化"。当教师和学生都满足于信息技术带来的轻松便捷时，课堂就失去了应有的深度，教育在技术的武装下与其本初的追求渐行渐远。这也是一种令人担忧的倾向，值得我们去深思。

（二）基础教育课程改革致力于学校文化的再造

学校文化发展的根本之所在是创造一种创新型的学校文化。只有创新，才能突破常规，为学校的发展注入活力；只有创新，才能在自我完善中不断寻求超越。新课程改革的追求，其实也就在于引入新的教育教学举措，从而带来创新性的教育结果。那么，什么是创新呢？无论如何去界定"创新"这一术语，它的根本特征就在于有目的地作出改变，如果没有这一点，就无所谓创新。1978年的安徽省凤阳县小岗村18户农民的"分田单干"是一种创新，因为它颠覆性地改变了既有的农业经营方式；杜郎口中学的教育改革也是一种创新，因为它颠覆性地改变了既有的课堂教学模式。当然，我们所强调的"改变"是在原有基础上的一种改进，一种正向的引导和开拓。它是人的一种自觉行为，是人的主观能动性在未知领域的一种投射。从这个意义上来说，创新型的学校文化就是以创新为追求、以锐意进取为标志的一种文化；在根本上它是一种富有活力的、能够带来革新效果的教育生产力。

创新型的学校文化是学校发展的深层动力源。它的影响不仅仅在于能够产生多少创新性的教育产品，更在于其价值性，也就是它在思想观念上产生的影响以及由此引发的更多创新。这样看来，创新型的学校文化一旦确立，就会形成一条条创新的链条，进而交织成一张创新的网络，在整个学校教育领域蔓延开来。这又显示了创新型学校文化的开放性和包容性，它能够让许多看似匪夷所思的改革举措在这张巨大的网络中得到诠释，从而彰显其改革的意义。当然，创新型的学校文化必然会面临很多未知，这需要教育者具有极大的责任担当意识和勇气。正因为这样，诸如杜郎口中学这样的学校才赢得了世人的钦佩和敬意。在这个创新的时代，似乎也没有谁能够阻挡创新的滚滚巨轮。

（三）基础教育课程改革致力于创造一种新的教育生态

课程改革是一个系统工程，体现出很强的整体性、复杂性和非线性特征。新课程改革的追求并不仅仅满足于传统意义上的"课程教材改革"，而是在基础教育领域期待一次根本性的突破，也就是要带来我国教育文化的整体革新。如果真的如此，新课程改革的顺利推进不仅仅需要一些技术性的配套措施，更需要培育一种新型的教育生态。

在生物学中，"生态"指的是生物与生物之间以及生物与自然环境之间的复杂的互动关系。一种生态系统由多个要素构成，各要素之间相互影响、相互制约，形成一种动态的平衡。如果把"生态"的概念拓展开来的话，人与人、人与社会环境之间也存在着复杂的互动关系，这也是一种生态系统，一种关于人的生态系统。这种生态系统是由复杂网络组成的有机整体，每个生命个体都是网络上的一个结点。那么，作为人类活动的一个特定场域，学校教育中也存在一个由多个要素构成、各要素之间以及各要素与外界环境之间有着复杂互动关系的生态系统，我们可以称之为"教育生态系统"。这个系统的存在说明，学校不是孤岛，只是社会大群落中的一个子系统。如果期望课程改革能够改变教育生态这个子系统，那么这个系统所赖以存在的外部环境也应该有所改变，否则难以形成新的互动关系，也就无法形成新的生态系统。

"素质教育轰轰烈烈，应试教育扎扎实实。"教育界对"应试教育"的口诛笔伐已经深刻入骨、无以复加，然而"应试"之风气在全国各地仍然存在，尤其是高中阶段。这是一个教育领域的问题，却不仅仅是个教育问题，而是涉及上文所谈的"教育生态系统"了。其实，无论是行政领导、教师、家长还是学生，对于"应试教育"的弊端都看得一清二楚，但仍有部分人以分数为命根，以考试为指挥棒，这里面有一个社会环境的问题。对很多人来说，要改变自身（甚至家族）的命运，只能把全部希望寄托在教育身上。只要有这种动因存在，家长们对"应试教育"的需求就不会减弱，那么，各种名目的辅导班、特长班、补课、"题海战术"都不会自行消失。从这个角度来看，当前教育界不少弊病的病根在社会，但药方却只是开给学校的。因此，我们不难理解，为什么新课程承受了诸多指责；也不难理解，为什么教师要"戴着镣铐跳舞"。新课程改革的顺利推进，显然需要全社会的人们都行动起来，去改变一种"集体无意识"，去培植一种新的教育生态。

二、综合实践活动课程的新使命

2010 年 7 月，我国颁布了《国家中长期教育改革与发展规划纲要（2010—2020 年）》，明确提出：到 2020 年，基本实现教育现代化，基本形成学习型社会，进入人力资源强国行列。这一目标的提出为我国学校教育在十年内的发展指明了方向。2012 年 11 月召开党的十八大之后，国家教育改革进入新的时期，一系列新的思想和指导方针对学校教育发展进一步提出了新的要求。新的时代发展要求学校教育作出重大变革，这也给综合实践活动课程带来新的使命。

（一）立德树人成为学校教育的根本任务，要求综合实践活动课程进一步发挥整体育人的优势

学校教育的根本使命在于培养人，因此"培养什么样的人，怎样培养人"无疑就是教育改革必须回答的根本问题。对于这个问题，不同时代面临的社会需求和教育情境不同，其回答也就有不同。党的十八大以来，基于中华民族伟大复兴这一宏伟愿景，我们国家根据时代发展的新特征和社会政治经济发展的新要求，提出"把立德树人作为教育的根本任务"这一命题。2013年11月，党的十八届三中全会指出：全面贯彻党的教育方针，坚持立德树人，加强社会主义核心价值体系教育，完善中华优秀传统文化教育，形成爱学习、爱劳动、爱祖国活动的有效形式和长效机制，增强学生社会责任感、创新精神、实践能力。2014年3月，教育部印发《关于全面深化课程改革落实立德树人根本任务的意见》，进一步明确了立德树人这一根本任务，提出了在课程改革领域落实立德树人这一根本任务的指导思想、基本原则、工作目标和主要任务，并对关键领域和主要环节的改革进程作了部署，包括研究制订学生发展核心素养体系和学业质量标准、修订课程方案和课程标准、修订和编写教材、改进学科教学的育人功能、加强考试招生和评价的育人导向、强化教师育人能力培养等。

　　立德树人是发展中国特色社会主义教育事业的核心所在，也是与中华优秀传统文化一脉相承的。中国的传统文化是注重人的，我国有着浓厚的人文主义传统。《易经》中记载："刚柔交错，天文也；文明以止，人文也。观乎天文以察时变，观乎人文以化成天下。"所以古人说："人者，天地之德……五行之秀气也。"人文主义传统在一定程度上体现了儒家文化的精髓，正如孔子所言："仁者，人也。"以立德树人为根本任务，也就意味着要全面落实"以学生发展为本"的教育理念，改变重智育轻德育、重认知轻情感、重分数轻素质、重效率轻质量的弊端，关注学生的学习需求和个性培养，促进学生德智体美劳全面发展。

　　立德树人这一根本任务的提出为我国基础教育课程改革提出了新的要求，现行的课程体制与立德树人的要求还存在一定差距。正如《关于全面深化课程改革落实立德树人根本任务的意见》这一文件所指出的，学生的社会责任感、创新精神和实践能力较为薄弱，课程教材的系统性、适宜性不强，与课程改革相适应的考试招生、评价制度不配套，制约着教学改革的全面推进，教师育人意识和能力有待加强，支撑保障课程改革的机制不健全，等等。根据对这些问题的分析，教育部在 2015 年 9 月启动了高中课程方案和各学科课程标准的修订，在 2018 年 9 月启动了义务教育阶段课程方案和各学科课程标准的修订，这两次修订标志着课程改革持续推进的大幕开启了。

在新一轮课程方案和课程标准修订的背景下，将立德树人作为教育的根本任务对综合实践活动课程的改革也提出了新的挑战，主要表现为需要进一步强化综合实践活动课程的整体性，弥补分科课程自成体系、相互割裂的现状，推动立德树人这一根本任务的实现。综合实践活动课程体现的是一种整体主义的课程观，强调人的整体发展。一方面，人是活生生的有机体，是拥有复杂多样的丰富性的一个整体，学科课程从不同学科的角度切入来培养人的这种整体性，但限于其分科的特点不能给人带来整体性的发展。另一方面，教育不仅意味着知识的传授和技能的培养，而且还要重视人的各个方面的发展，包括身体、情感、审美、伦理道德等。综合实践活动课程比分科课程具有整体育人的优势，在新的时代背景下需要进一步发挥这种整体性，促进学生形成健全人格。

（二）学校教育致力于促进学生核心素养的发展，要求综合实践活动课程进一步凸显综合育人功能

学生发展核心素养是近年来的热点话题。为什么要提出学生发展的核心素养体系？学生发展的核心素养又有怎样的内涵？如何以核心素养引领课程改革乃至基础教育改革的发展？这些问题已经成为当下我国教育改革的热点问题。

学生发展核心素养的提出有其时代背景。21 世纪的发展已经越来越多地体现出与过去不同的特征：随着经济领域的全球化，不同国家间社会各层面的交往日趋频繁，教育领域的国际化趋势也日益明显，人才培养的规格与过去大不相同；科技发展日新月异，信息技术、人工智能等高端科技的发展对从业人员提出了更高的要求，人的综合素养和综合能力成为应对新的工作和社会生活的基本条件；数字化环境和创新驱动成为社会生产和生活的基本特征，这对人的知识、技能、伦理道德等提出了新的挑战和要求；等等。学校必须顺应这些变化作出调整，才能培养出未来需要的人才。

在这一时代背景下，发达国家和主要国际组织在规划和推动教育改革时都在思考一个问题：21世纪的学生应该具备怎样的核心素养？例如，2002年，美国一批教育家、企业家和政府工作人员等成立了"21世纪技能联盟"（Partnership for 21st Century Skills），进行了一系列相关研究，探索适合21世纪的学习范式，帮助每一位学习者成为21世纪杰出的公民和劳动者。2009年，该联盟发布了《21世纪学习框架》，提出了"21世纪核心技能"的基本框架：（1）学习与创新技能，包括批判性思维和问题解决能力、交流与合作能力、创造性和创新能力；（2）信息、媒体与技术技能，包括信息素养、媒体素养、信息交流和科技素养；（3）生活与职业技能，包括灵活性和适应性、主动性和自我指导、社交和跨文化交际、生产能力和绩效能力、领导能力和责任感。再如，早在1997年，经济合作与发展组织（OECD）就开启了关于核心素养的研究，启动了"素养的界定与遴选：理论和概念基础"这一研究项目。2003年，该组织发布《核心素养促进成功的生活和健全的社会》，提出了三类核心素养：（1）交互地利用语言、技术等工具的素养；（2）在团队中进行有效互动的素养；（3）自主行动的素养。

为回应社会发展的需求，适应世界教育改革发展趋势，并提升我国教育的国际竞争力，我国在2013年也启动了对学生发展核心素养问题的研究。2016年9月，北京师范大学林崇德教授领衔的项目团队发布了《中国学生发展核心素养》，该研究成果成为统领我国基础教育课程改革的基本理论框架。这一框架所建构的学生发展核心素养体系包括三大领域、六大素养和十八点具体素养。（具体如表 1-1 所示）

表1-1：我国学生发展核心素养体系

三大领域	六大素养	十八点具体素养
文化基础	人文底蕴	人文积淀、人文情怀、审美情趣
文化基础	科学精神	理性思维、批判质疑、勇于探究
社会参与	责任担当	社会责任、国家认同、国际理解
社会参与	实践创新	劳动意识、问题解决、技术运用
自主发展	学会学习	乐学善学、勤于反思、信息意识
自主发展	健康生活	珍爱生命、健全人格、自我管理

那么，什么是学生发展的核心素养呢？基于"全面发展的人"的内涵与本质，我国学生发展核心素养研究团队在立足中国国情、借鉴国际经验的基础上，提出从文化基础、自主发展、社会参与三个方面凝练中国学生发展核心素养。根据《中国学生发展核心素养》的观点，学生发展核心素养是指学生必备的能够使学生终身发展和满足社会发展需要的品格和能力，它是关于学生知识、技能、情感、态度、价值观等多方面要求的综合表现。

从这一界定来看，学生发展核心素养的提出具有重要的意义。一方面，它是对党的教育方针、社会主义核心价值观、素质教育、立德树人等一系列教育政策和思想的具体化、明确化与深化。它强调跨学科的综合能力，强调知识、能力和态度的综合，具有综合性和整体性，是经过学生后天的学习可获得的素养，即可教、可学。核心素养体系的构建还综合考虑了适应社会、终身学习、成功生活、个人发展等多方面要求，较为全面地整合了人才的素养结构及其在社会生活中的体现。另一方面，学生核心素养的提出也是提高我国国际教育竞争力的必然需要。国际竞争的实质在于人才的竞争，随着世界多元化、经济全球化等方面的全面发展，人才强国战略是提升国际竞争力的可行有效的方法，培养高素质的人才尤其是掌握尖端科技的创新型人才，是国际教育竞争的核心。学生发展核心素养提出了人才培养的未来方向，有助于提升我国的国际竞争力。

（三）弘扬劳动精神、开展劳动教育成为新时代的新课题，需要综合实践活动课程实践育人的功能进一步拓展

2018年9月10日，全国教育大会在北京召开。习近平总书记在大会上发表重要讲话，指出："要在学生中弘扬劳动精神，教育引导学生崇尚劳动、尊重劳动，懂得劳动最光荣、劳动最崇高、劳动最伟大、劳动最美丽的道理，长大后能够辛勤劳动、诚实劳动、创造性劳动。"这一表述反映了我们国家在教育改革和探索中对劳动教育问题有了新的认识，重新确认了劳动教育在整个学校教育中发挥的重要功能和作用，意味着我国教育方针的重要调整，推动我国全面发展教育进入新的阶段，即从"培养学生德智体美全面发展"到"培养学生德智体美劳全面发展"。

现阶段提倡劳动教育具有其必然性。一是当前不重视劳动的社会风气亟待扭转，社会上弥漫着轻视劳动的空气，这些不良社会风气给青少年学生带来消极影响，不利于其确立正确的劳动价值观和人生观。二是学校中的劳动教育被窄化和弱化，学校过于看重升学率和学生的考试成绩，劳动教育流于形式，在正式的教育教学活动中没有一席之地，这无形之中让学生产生"劳动不重要"的错误思想。三是在家庭中孩子娇生惯养，家长认为孩子学习压力大，便将家务等劳动全盘包揽，孩子在家庭中也没有劳动的机会，导致孩子动手能力弱、不珍惜劳动成果，容易滋生好逸恶劳的错误观念。

早在 2015 年 7 月，教育部联合共青团中央和全国少工委发布了《关于加强中小学劳动教育的意见》，指出，"总体上劳动教育存在诸多薄弱环节和问题，劳动教育在学校中被弱化，在家庭中被软化，在社会中被淡化，中小学生劳动机会减少、劳动意识缺乏，出现了一些学生轻视劳动、不会劳动、不珍惜劳动成果的现象"，要求明确劳动教育的目标，充分发挥劳动综合育人功能，以劳树德、以劳增智、以劳强体、以劳育美、以劳创新，促进学生德智体美劳全面发展，抓好劳动教育的关键环节，完善劳动教育的保障机制。

国家对劳动教育的重视必然要求课程改革中体现劳动教育、落实劳动教育的要求和相关理念。开设劳动教育课程也是世界上不少国家通行的做法。例如，在印度的很多中学，劳动教育被作为必修课列入课程方案，这意味着劳动教育是中学生必须学习的内容；在印度的教师教育课程体系中，有关劳动和社会服务的内容也被作为重要的课程，这样便有利于师范生培养服务社会的意识。对我们来说，目前中小学的课程体系中，尽管有一些课程包含了类似劳动教育的内容（如综合实践活动中的"社会服务"和"职业体验"，以及有些学校开发的校本课程），但毕竟没有单独设立，劳动教育的内容隐藏在其他实践活动中。2020 年 3 月，《中共中央国务院关于全面加强新时代大中小学劳动教育的意见》提出："整体优化学校课程设计，将劳动教育纳入中小学国家课程方案和职业院校、普通高等学校人才培养方案，形成具有综合性、实践性、开放性、针对性的劳动者教育课程体系。"这对综合实践活动课程改革具有借鉴意义。

在开展劳动教育的背景下，学校必须拓展综合实践活动的育人功能，充分发挥其实践育人的作用，以达到更好的教育效果，实现更多的人才培养目标。在这方面，综合实践活动课程不能只是包含一些"动手做"的内容即可，而是需要从深层次上思考"实践育人"这一基本理念，培养学生的劳动意识和正确的劳动价值观。不得不承认的是，当前学生的劳动意识、劳动价值观和社会意识相对比较薄弱，这是社会竞争压力的增大和人们思想观念的转变所导致的必然结果。而且，中华优秀传统文化的道德观对学生的影响越来越小，社会生活中价值多样、思想不统一的现象也影响学生正确价值观念的养成。学校教育中过于强调知识的学习也导致学生的社会意识较为薄弱，缺乏责任担当和奉献社会精神。家长的包办代替导致学生对自身职业发展规划缺乏清晰的认识，在面对重大选择时手足无措；或者对自身能力没有清晰的认识，对职业期望过高导致难以实现自我预期。这些问题的存在都需要整合相关课程资源，尤其是重新设计综合实践活动课程，充分发挥其实践育人的优势，使得学校课程能够解决当下学生发展中遇到的这些问题。

三、综合实践活动课程的发展趋向

2019年2月，中共中央、国务院印发《中国教育现代化2035》，提出了推进教育现代化的八大基本理念：更加注重以德为先，更加注重全面发展，更加注重面向人人，更加注重终身学习，更加注重因材施教，更加注重知行合一，更加注重融合发展，更加注重共建共享。其中，"注重知行合一"是改革开放以来首次明确提出的一个发展理念，它与综合实践活动课程的实践性特征和实践育人的功能定位相契合，由此也进一步凸显了综合实践活动课程在中小学课程体系中的重要地位，预示着一些新的发展趋向。

（一）在课程功能上，综合实践活动课程实践育人的功能将进一步凸显

2001年6月，教育部印发的《基础教育课程改革纲要（试行）》指出："从

小学到高中设置综合实践活动并作为必修课程，其内容主要包括：信息技术教育、研究性学习、社区服务与社会实践以及劳动与技术教育。"这是我国在基础教育阶段开设综合实践活动课程的开端。2017年9月，教育部重新修订有关综合实践活动课程的规定，印发《中小学综合实践活动课程指导纲要》，进一步明确了课程的性质——从学生的真实生活和发展需要出发，从生活情境中发现问题，转化为活动主题，通过探究、服务、制作、体验等方式，培养学生综合素质的跨学科实践性课程，并提出了四种基本的活动方式，即考察探究、社会服务、设计制作、职业体验。

从这些规定可以看出，基础教育阶段开设的综合实践活动课程，其最突出的功能就是实践育人。人的实践活动是改造自然、创造生活的基本形式，人的存在和发展离不开实践。同样，实践活动是学生经验展开的直接途径，是学生了解自然、体验社会和生活的基本手段，学生需要在活动中增长知识和经验。社会实践和探究活动是人认识世界的基本方式。正是通过社会实践和探究活动，人类才能从茹毛饮血的时代走向今天的文化昌明。在今天，我们仍然需要在学校课程领域深入挖掘社会实践和探究活动的课程意义，让其成为推动学生全面发展的强大动力。为了实现社会实践和探究活动课程的意义，需要在实施综合实践活动过程中进一步拓展课程资源，转变教与学的方式。

传统的学科课程强调系统知识的传授，学生的学习偏重于机械记忆、浅层理解和简单应用，往往立足于被动地接受教师的知识传输，较少顾及学生的自主探究能力、实践能力和创造精神的培养，因此，综合实践活动课程开设的初衷，就是在新的课程体系内开辟一个新的领域，为学生自主探究提供一个全新的空间，以培养学生的实践能力、动手操作能力、初步的科学研究的意识和态度以及创新精神。为了更好地体现这种优势，综合实践活动课程的实施需要关注两个方面。一是充分利用社会资源。社会是学校教育得以展开的大背景,也是综合实践活动课程实施的大背景。这个背景中蕴含着无穷无尽的教育素材,只要教育者能够善于利用这些素材,社会资源的教育价值就不会枯竭。与此同时,全社会也要认识到,未来一代的发展需要从社会中吸取营养,社会资源应该积极向他们开放,为他们的发展提供机会。尤其在当今新时代社会情境下,教育更应走出围墙,融入社会。杜威"教育即社会"的理念指向的正是社会资源的育人功能。二是要认识到参与社会实践活动乃是教育的重要途径。马克思很早就提出"教育与生产劳动相结合"的理论,要求在生产劳动中培养学生的工作能力和高尚情操。这说明,社会实践是人类各个方面发展的最基本的土壤,学校教育和课程实施也必须扎根于这一土壤。社会实践中蕴含着丰富的教育机会,这些教育机会是书本上和课堂中所不曾拥有的。在新课程改革过程中,综合实践活动和研究性学习的实施为学生从社会实践中获得发展机会提供了可能,也使社会实践活动所蕴含的课程意义充分体现出来。

(二)在课程内容上,劳动教育将成为综合实践活动课程的新的生长点

课程是教育思想、教育目标和教育内容的主要载体,集中体现国家意志和社会主义核心价值观,是学校教育教学活动的基本依据。既然国家已经提出在中小学开展劳动教育,那么最有效的途径就是将劳动教育课程化,在中小学开设劳动教育课程。在2015年的《关于加强中小学劳动教育的意见》中,国家有关部门对如何开设相关课程作出了部署:"将国家规定的综合实践活动课程、通用技术课程作为实施劳动教育的重要渠道,开足开好。要明确并保证劳动教育课时,义务教育阶段三到九年级切实开设综合实践活动中的劳动与技术教育课,普通高中阶段严格执行通用技术课程标准,课时可视情况相对集中。各地各校可结合实际在地方和学校课程中加强劳动教育,开设家政、烹饪、手工、园艺、非物质文化遗产等相关课

程。在德育、语文、历史等学科教学中加大劳动观念和态度的培养，在物理、化学、生物等学科教学中加大动手操作和劳动技能、职业技能的培养，在其他学科教学和少先队活动课中也应有机融入劳动教育内容。"这一文件谈到了劳动教育在相关课程中的表现，规定在国家课程、地方课程与学校课程中都要落实劳动教育的要求，引导中小学生通过这些课程开展相关的劳动实践与活动。

在这些形式和渠道中，最重要的是在国家课程中体现劳动教育的要求，落实劳动教育的理念。国家课程是国家教育意志的体现，是所有学校都要开设的课程，具有强制性和普适性，通过国家相关的行政力量得以实施。从这个角度来看，在国家课程体系中开辟一个领域用于落实劳动教育是至关重要的。目前来看最现实的途径就是跟综合实践活动课程整合，充实综合实践活动课程中劳动教育的内容，对其他内容进行调整，从而将其改造为劳动与综合实践活动。这种改造具有现实的合理性，因为现行的综合实践活动在内容上包括四个活动领域：考察探究、社会服务、设计制作、职业体验，这四个领域中有两个领域（即社会服务和职业体验）是与劳动教育直接相关的，还有一个领域（即设计制作）很大程度上也体现了劳动教育的内容。这样看来，劳动教育的内容已经占据综合实践活动课程的大部分，是主体。劳动教育成为综合实践活动课程的新的生长点，可以进一步凸显综合实践活动课程的活动性、实践性和综合性，拓展其内涵，提升其教育的功能和在学校课程中的育人地位。

（三）在课程形式上，综合实践活动课程与其他学科的整合与渗透将进一步加强

综合实践活动课程具有综合性，强调学生综合运用各学科知识认识、分析和解决现实问题，提升综合素质，着力发展核心素养，特别是社会责任感、创新精神和实践能力，以适应快速变化的社会生活、职业世界，满

足个人自主发展的需要，迎接信息时代和知识社会的挑战。因此，综合实践活动课程实施的关键，在于引导学生在实践中学习，在生活中实践。倡导学生主动学习、乐于探究、勤于动手，引导学生经历多样化实践学习活动的过程，经历问题探究、问题解决的基本过程，掌握问题探究、问题解决的基本方法。

综合实践活动课程又具有实践性，强调学生亲身经历各项活动，在动手做、实验和探究、设计和反思的过程中进行体验和认知，在全身心参与的活动中发现、分析和解决问题，体验和感受生活，发展实践创新能力。在实施过程中，教师需要引导学生把自己成长的环境作为学习场所，在与家庭、学校、社区的持续互动中，不断拓展活动时空和活动内容，使自己的个性特长、实践能力、服务精神和社会责任感不断获得发展。

综合实践活动课程的实施要切实转变单一的学习方式，引导学生开展调查研究与访问、实验研究与观察、社会参与与服务、信息收集与处理等多种实践学习活动，体现学习方式的多样性，初步学会实践学习的方法。可以主要开展三大类实践学习活动：一是以研究为主的实践学习活动，包括制订方案、调查、访问、观察、实验、统计、信息收集与处理等；二是以社会实践和社区服务活动为主的实践学习活动，包括参观、考察、服务、宣传、义务劳动、经济活动等。三是以项目设计和技术实践为主的方法和过程，包括项目立项与研究、设计、制作、研制、种植、养殖、信息发布，以及科技小发明、小制作等技术实践，鼓励学生大胆创新。这三类实践学习活动可以相对独立，但更多的是相互融合，相互贯通，实施中要统筹规划，综合管理。

当前，综合实践活动课程在实施上出现了一些新的特点，与其他学科的整合与渗透进一步加强。地方和学校在推进综合实践活动时，更加注重课程实施的综合效果和实践育人的功能。例如，北京市教育委员会在2015年7月发布了《北京市实施教育部〈义务教育课程设置实验方案〉的课程计划（修订）》，明确要求"关注课程的整体育人功能以及学科内、学科间的联系与整合，加强综合实践活动课程的开发与实施，大力培育和践行社会主义核心价值观"。为了保证实施的效果，北京市教委要求义务教育阶段的中小学校在落实这一课程计划时要把各学科平均应不低于10%的学时用于开设学科实践活动课程，在内容上可以某一学科内容为主，开设学科实践活动，也可综合多个学科内容，开设跨学科综合实践活动。显然，这种做法将综合实践活动课程与学科课程打通，通过整合其他课程形式而更好地发挥综合实践活动课程的育人功能，从而体现了综合实践活动课程的优势。

综合实践活动课程与其他学科的整合与渗透，在学理上属于学科整合的范畴，也就是在不同课程形式或学科之间形成一种融合关系，从而产生新的课程形式。在理论上，课程整合主要有四种类型：（1）相关课程，根据课程内容的关联性把两门或两门以上的学科课程整合起来，打破学科之间的分割状态，但仍在一定程度上保留了各自的学科形态，这是一种松散的整合，即所谓的"拼盘式"整合；（2）融合课程，把两门或两门以上的学科课程融合在一起，从而形成一种新的综合课程；（3）核心课程，围绕某一主题而将相关学科的内容予以整合，以集中解决某一特定的问题，使其成为一门具有内在一致性的课程；（4）经验课程，完全消解学科，围绕学生的经验和具体问题的解决而组织起来的课程。在实践中，课程整合主要有两种形式：跨学科的整合和主题整合。前者是指一门学科知识里渗透了另一门学科的知识，比如物理中渗透化学的知识，语文中渗透历史的知识等；后者是指围绕一个主题，运用多学科知识去开展这一主题活动，使学生的生理心理、知识文化、思想道德、实践创新这些素养全面得到提升。无论采用哪种方式,综合实践活动课程与其他课程的渗透与融合将是未来课程实施的重要趋势,体现出更加灵活和开放的实施策略。

第一章

综合实践活动课程的历史发展与学理分析

综合实践活动课程是我国学校教育实践不断探索、逐步积累优秀经验的结晶，也是改革开放之后不断深化课程改革、落实素质教育理念的产物。从这个角度来讲，综合实践活动课程的雏形在我国早已有之。长期以来我国在中小学开展的课外活动、兴趣小组活动等教育形式为综合实践活动课程的完善和发展提供了实践的土壤；素质教育改革中提出的"发展学生的创新精神和实践能力"，则直接推动了综合实践活动课程的产生和发展。与此同时，随着我国教育领域对外开放步伐的加快，国外有关经验课程和活动教学等研究成果也被引入中国，由此进一步推动了综合实践活动课程的迅速发展。2001年6月，教育部印发《基础教育课程改革纲要（试行）》（以下简称《纲要》），明确提出"从小学到高中设立综合实践活动课程并作为必修课"，由此综合实践活动课程作为一种新的课程形态正式进入我国学校课程体系，承担起独特的育人功能。本章在梳理历史发展的基础上，对综合实践活动课程进行学理分析，以期剖析综合实践活动课程的本质和价值，深入认识其课程意义。

第一节 综合实践活动课程的历史发展

综合实践活动课程在我国的发展体现了中小学教育界对经验课程和活动教学的探索,这也是一个不断深入探讨课程本质并提升理论认识的过程。尽管我国在 2001 年才正式提出并使用"综合实践活动课程"这一术语,但在此之前的几十年间,教育工作者一直在不断丰富学校教育的形式,加深对学校课程的认识,诸如"课外活动""兴趣活动"等教育形式是我国综合实践活动课程的前身。2001 年之后,我国对综合实践活动课程的实施和探讨也在不断推进,在二十多年的发展过程中也对其内容作出了一些调整,体现出学校课程必须回应教育和社会发展需求这一基本的原理。

一、综合实践活动课程的萌芽

在我国的教育情境中,综合实践活动课程是对"课外活动"的继承与发展,从这个角度来讲,综合实践活动课程在我国经历了一个较为漫长的萌芽期。早在民国时期,我国努力推动学校教育的近代化发展,在这一过程中,有关"活动教育""实践教育"的思想和实践就已经较为普遍。如,20 世纪 20 年代,受美国学者杜威的影响,我国著名教育家陶行知发起了"乡村教育运动",他在实践中提出了"生活教育"理论,倡导教育与社会生活、教育与生产劳动相结合，主张"教学做合一"，这是"课外活动"的重要思想源头。新中国成立之前，解放区的很多学校也重视开展"课外活动"。"新中国成立后编订的教学计划和教学大纲，以学科课程作为主导性课程，而把学科课程以外各种形式的活动统称为'课外活动'。"[1] 国家在制订教学计划时附上了"课外活动"的说明，使其成为一种制度化的教育形式，保证了"课外活动"在学校中的实施。1955 年，教育部还颁布了《关于小学课外活动的规定》，规定了"课外活动"的内容、课时等实施细则，基本完成了对"课外活动"的制度设计。

当然，在随后几十年的时间里，"课外活动"这种教育形式仅仅定位于"课外"，跟主体性的学科科目相比并不正规，距离真正成为一种有着重要地位的课程还有相当长的距离。也正是这个原因，"课外活动"往往被定位于服务于主体课程的实施，其功能是一种"调节学生脑筋"的活动，仅仅是一种补充或兴趣活动。然而，不可否认，这种朴素的、非正规的"课外活动"无疑是后来综合实践活动课程的雏形。由于有了"课外活动"这一基础，课程改革在引入综合实践活动课程的时候才没有遭遇很大的阻力，才能够相对顺利地实施下去。

二、综合实践活动课程的初步发展

改革开放之初，"活动课程"被纳入课程计划，这可以被看作综合实践活动课程的初步发展。1977 年，高考在邓小平的直接主持下得到恢复，我国大中小学教育全面进入正轨，我国由此重新迎来了尊重知识、尊重人才的春天。1978 年，我国决定实施改革开放政策，这是我国社会发展的转

---

[1] 刘玲. 综合实践活动课程在我国的演变与发展[J]. 中小学管理，2017（12）：5.

折点，政治、经济、文化等各个领域由此进入深度调整期和快速发展期。在这一时代背景下，推动教育改革成为学校发展的主旋律，中小学的课程与教学也期待新的变革。但是，要改变学校教育的传统面貌并不是一蹴而就的事。"文化大革命"的十年让我国的人才培养出现了断层，"文革"结束后，为了多快好省地培养人才，我国实施重点中学政策，用有限的物力财力优先支持一批重点中学的发展。在这种背景下，"应试主义"逐步抬头，学校教育过于注重知识传授，导致死记硬背、难以兼顾学生能力培育和个性发展等弊病开始暴露，中小学片面追求升学率的问题浮出水面，学校教育面临新的挑战。

1986年，我国颁布《义务教育法》，开始实施普及九年义务教育制度。为适应新的形势，国家要求教育体制改革应注重与经济、科技体制改革相协调，由此提出深化教育改革的要求，大力实施"科教兴国"战略，要求经济建设尽快转向依靠科技进步和提高劳动者素质轨道上来。进入20世纪90年代，在教育体制改革的进程中，我国明确提出"素质教育"的概念，推进素质教育改革由此成为基础教育领域最基本的政策导向。此时，"能够体现学生主体性和能力发展的'活动课程'便逐渐以'实施素质教育的载体'的身份进入了人们视野"[1]。1992年，我国借鉴国外课程改革与实践的经验，将"活动课程"纳入中小学课程计划。"活动课程"不再只是课外活动，而一跃成为之后正式进入学校课程体系的新的课程形式，标志着综合实践活动课程进入新的发展阶段。1993年秋季开始试行的《九年义务教育全日制小学、初级中学课程计划》规定：新的课程结构由学科类和活动类两部分组成。学科课程和活动课程是使学生在德智体诸方面得到发展的必不可少的教育途径，都有各自独特的教育功能，互相不能替代。这

---

[1] 刘玲.综合实践活动课程在我国的演变与发展[J].中小学管理，2017（12）：5.

是我国中小学教学改革的一项重大举措，标志着我国长期以来学科课程一统天下的格局终结，为综合实践活动课程的引入奠定了基础，也开辟了新的空间。

由于该课程计划只规定了学校要根据自身条件开设活动课程，并没有明确界定活动课程的内容和具体的课时要求，这影响了活动课程在学校实践中的落实。不少学校在实施活动课程时出现偏差，活动课程流于形式，有些成为学科课程的课外延伸，甚至直接被学科课程取代。为纠正活动课程实施中存在的偏差和问题，1996年1月，国家教育委员会颁布《九年义务教育活动类课程指导纲要（草案）》，明确规定了活动课程的培养目标、内容与形式、组织方式与方法等，在政策上向前迈进了一大步。可以说这一阶段是综合实践活动课程发展的关键期，"活动课程"被正式纳入基础教育课程体系，初步奠定了后来综合实践活动课程在整个课程体系中的地位与作用。

（三）综合实践活动课程的正式确立

1998年，教育部颁布《面向21世纪教育振兴行动计划》，明确提出，实施"跨世纪素质教育工程"，要求到2000年初步形成现代化基础教育课程框架和课程标准，改革教育内容和教学方法，推行新的评价制度，在全国推行21世纪基础教育课程教材体系。以此为指导，2001年6月教育部基础教育司印发《纲要》，提出："从小学至高中设置综合实践活动并作为必修课程，其内容主要包括：信息技术教育、研究性学习、社区服务与社会实践以及劳动与技术教育。强调学生通过实践，增强探究和创新意识，学习科学研究的方法，发展综合运用知识的能力。增进学校与社会的密切联系，培养学生的社会责任感。"这意味着在我国的中小学课程体系和话语体系中，首次出现了"综合实践活动"这一术语，由此开始，综合实践活动课程成为落实素质教育发展理念、推动课程与教学创新的重要形式和基本载体之一。

2001年，我国启动基础教育课程改革，着力改变传统的应试主义教育的积弊，倡导"为了每一位孩子的发展"这一核心理念，确立与素质教育相适应的课程体系。在这一大背景下，综合实践活动课程被引入中小学教育的课程体系。为了体现课程的创新性，综合实践活动课程被界定为基于学生经验、密切联系学生自身生活和社会实际、体现对知识的综合应用的实践性课程，其内容主要包括研究性学习、社区服务与社会实践、信息技术教育和劳动与技术教育。这一界定颠覆了传统学科课程的内容体系和组织方式，整合了课外活动、兴趣小组等学校中一些既有的优秀课程形式，在"科目主义"的传统课程生态中引入一股清风，引领学校开展经验课程的设计，推广"做中学"的新理念，在很大程度上促进了教与学方式的转变。2001年，教育部颁布《普通高中"研究性学习"实施指南（试行）》，详细规定了高中阶段研究性学习课程的性质、开设原则和实施的基本要求。研究性学习凝结了新课程改革的理念精髓，被钟启泉先生誉为"课程文化的革命"："研究性学习是一种问题解决的学习，是一种跨学科的综合实践活动，是一种基于学习资源的开放式学习"。[1]

可以说，综合实践活动课程的设立，是我国教育界在总结"活动课程"近十年实施经验的基础上，对基础教育课程体系、课程结构和人才培养模式统筹考虑后做出的科学决策。

本阶段，综合实践活动的课程名称正式确立下来，课程内容、课程目标也初步明确。2007年，我国学者冯新瑞等针对综合实践活动课程的实施进行了一次全国性的调研，认为综合实践活动课程的实施取得了初步成效："课程开设的必要性得到了较为广泛的认同；课程在实施过程中的具体操

---

[1] 钟启泉.研究性学习："课程文化"的革命[J].教育研究，2003（5）：7.

作上基本符合综合实践活动课程理念和本质特征；课程实施的效果从学生、教师和学校的变化来看也较为明显。"[1]

尽管如此，综合实践活动课程在这一阶段的发展仍面临很多问题。一是在政策层面，我国一直没有出台关于义务教育阶段综合实践活动课程的政策性文件，课程管理制度不完善，必然带来实施不规范、课程开发不充分、缺少课程资源等实际问题；二是在认识上，中小学校教师对综合实践活动课程的认识不统一，对课程的概念解读较为随意，对其课程价值和教育功能的理解有偏差，这就造成在实践上设课混乱、无所适从；三是在评价上，传统的纸笔测验难以用于评价学生对综合实践活动课程的学习，而档案袋、表现性评价等评价手段则烦琐复杂、难以操作，缺乏必要的规范性，这也影响到课程实施的效果，至今仍然是一个需要解决的重大课题。

四、综合实践活动课程的进一步规范化

为全面贯彻党的教育方针，坚持教育与生产劳动、社会实践相结合，引导学生深入理解和践行社会主义核心价值观，充分发挥中小学综合实践活动课程在立德树人中的重要作用，2017年9月，教育部印发《中小学综合实践活动课程指导纲要》（教材〔2017〕4号，以下简称《指导纲要》）。《指导纲要》指出："综合实践活动是从学生的真实生活和发展需要出发，从生活情境中发现问题，转化为活动主题，通过探究、服务、制作、体验等方式，培养学生综合素质的跨学科实践性课程。综合实践活动是国家义务教育和普通高中课程方案规定的必修课程，与学科课程并列设置，是基

---

[1] 冯新瑞，王薇. 我国综合实践活动课程实施现状调研报告[J]. 课程·教材·教法，2009（1）：20.

础教育课程体系的重要组成部分。该课程由地方统筹管理和指导，具体内容以学校开发为主，自小学一年级至高中三年级全面实施。""文件对综合实践活动的课程性质与基本理念、目标、内容与方式、实施等一系列重要问题做出了明确规定，重申了综合实践活动课程在基础教育课程体系中的地位，厘清了影响综合实践活动课程实施的若干理论与实践关系，也明确了综合实践活动课程的未来发展方向，这标志着综合实践活动课程迈入了规范发展阶段。"[1]

在课程理念上，《指导纲要》提出了四个基本的理念：课程目标以培养学生综合素质为导向，课程开发面向学生的个体生活和社会生活，课程实施注重学生主动实践和开放生成，课程评价主张多元评价和综合考察。在课程目标上，首次明确界定了综合实践活动课程的总体目标：学生能从个体生活、社会生活及与大自然的接触中获得丰富的实践经验，形成并逐步提升对自然、社会和自我之内在联系的整体认识；此外还分阶段从价值体认、责任担当、问题解决和创意物化四个维度阐述了学段目标。

---

[1] 刘玲. 综合实践活动课程在我国的演变与发展[J]. 中小学管理，2017（12）：7.

第二节 综合实践活动课程的学理分析

作为学校课程的具体形式，综合实践活动课程是实现育人功能的基本载体之一。它有着明确的内涵与特征，在人才培养中发挥着重要的教育价值。在我国发展素质教育、推进基础教育课程改革的背景下，综合实践活动课程的具体表现形式也处于不断调整之中，其内容和形式必然将得到进一步完善和发展。

一、综合实践活动课程的内涵与特征

（一）综合实践活动课程的内涵

要理解综合实践活动课程的内涵，我们首先要理解"课程"的内涵。课程是一个非常复杂的概念，其内涵丰富，随着时代的发展而多有变化，是教育领域最复杂、最难界定的概念之一。早在1987年就有美国学者进行了统计，指出在专业文献中有关课程的定义超过了120个。[1]尽管如此，在纷繁复杂的现象背后我们可以努力探寻课程的本质，以更好地把握综合

---

[1] Marsh, C.J. (2004). *Key Concepts for Understanding Curriculum*. London and NewYork: Routledge Falmer. 3.

实践活动课程的内涵。

1. 课程的定义

课程本身就是一个不断变化的术语，它很复杂，难以下定义。界定课程的基本原则，是要基于当代的学校教育情境，结合学术界对课程理论的探讨，描述课程的本质含义。根据这一要求，我们可以将"课程"界定为：课程是在学校教育的情境中，为实现既定的教育理念和育人目标而为学生提供的学习机会及其展开的过程，主要体现为各种教学科目、活动方案和其他教育要素，以促进学生的社会化发展和个性化发展。[1]我们可以从三个不同的维度来分析这一定义。

（1）课程是学校中的教学科目和活动。

在现代意义上的学校出现之后，课程的定义群中就增加了一种非常重要的定义形式，即把课程界定为学校中的教学科目和活动。在古代教育中，中国的"六艺"和古希腊的"七艺"便是学科课程的雏形了；近现代以来，随着科学的发展和知识的积累，人类在知识领域划分出越来越多的学科，为了便于学生学习和掌握，学科被提炼为不同的教学科目，并进入学校的课程体系，构成了学校教育的主要内容。因此，把课程看作教学科目和活动是一个最容易被人接受的定义，人们习惯上把广义的课程看作学校中的教学科目的总和，用狭义的课程指代具体学科，如语文课程、数学课程等。这种定义方式很符合人们的日常表达，最容易被人们所理解和接受。

（2）课程是学习者的经验和活动体验。

课程的源头是人类的生产和生活，因此课程是学习者的经验和活动体验这一界定有着悠久的历史。而且，这种定义是从人（学习者）的角度来界定课程的，因此又有着人本主义的传统。在文字和正规学校出现之前，

---

[1] 杨明全. 课程论 [M]. 北京：中国人民大学出版社，2016：76.

人类早期的教育无疑是借助具体活动来进行的，这些活动就代表了早期课程的形式。特别是受到美国 19 世纪末 20 世纪初的进步主义教育运动的影响，尤其是受美国教育家杜威的影响，不少人从儿童经验的角度界定课程。杜威从"教育就是经验的改造或改组"这一基本的命题出发，提出学校的课程应该是活动性、经验性的"主动作业"，即着眼于儿童经验的发展，对社会生活中的典型职业进行分析、归纳和提炼而获得各种活动方式，如金工、木工、烹饪等，这些"主动作业"就是杜威所理解的课程。"主动作业"的方式很多，"除了无数种的游戏和竞技以外，还有户外短途旅行、园艺、烹饪、缝纫、印刷、书籍装订、纺织、油漆、绘画、唱歌、演剧、讲故事、阅读、书写等具有社会目的的主动作业"[1]。

把课程设想为有计划地学习经验，在今天的课程专家中是一种比较普遍持有的观点。尤其是国外学者，更习惯于从儿童获得经验的角度去界定课程。例如，美国早期课程论专家威廉·舒博特（William H. Schubert）就直截了当地指出，"课程即经验"[2]。

（3）课程是教育活动的计划与学习者的学习结果。

在课程的定义群，这一理解是制度化教育的一种反映。制度化教育要求课程服从教育体制的安排，具有明确的规范性和计划性。从 20 世纪 50 年代美国课程论专家拉尔夫·泰勒（Ralph W. Tyler）提出课程开发的"目标模式"之后，这种界定便广为流传。例如，不少人认为"课程是一种学习计划"，是为受教育者提供一系列学习机会的计划。在他们看来，课程总可以定义为一个行动计划，这个计划包含目标、内容、活动和评价等。我国不少中小学教师就把课程理解为"教学计划""教学大纲"，这种理

---

[1] [美]杜威. 民主主义与教育[M]. 王承绪译. 北京：人民教育出版社，1990：209.

[2] Schubert. W. H. (1997). *Curriculum : Perspective, Paradigm, and Possibility*. Prentice-Hall. 26.

解也属于该定义的范畴。

"课程即计划"这一定义影响甚广，很多学者在论及课程时往往用"蓝图""规划"等词语比喻课程，或辅之以构成要素借以说明课程的本质。例如，"我们将课程看作是预期要实现的目标，或者一系列传递给学生的价值。实现这些目标或价值是课程开发的直接功能。"[1]从计划的角度去理解课程，人们更关心的不是学习经验的积累问题，而是学校中的课程如何为学生未来的生活做准备。这种观点强调对学生的学习进行事先规划，包括学习目标、学习内容以及如何评价学习结果等。

同样是从学校教育的进程来考察课程的定义，有的学者则将课程视为预期学习结果或目标。美国早期课程论专家威廉·博比特等人就认为，课程是教育者试图达到的一组教学目标或希望学生达到的学习结果。课程不应该是经验，而应直接关注预期的学习结果和目标。这些结果和目标直接指向学生未来生活的各个领域的经验和活动，博比特就将人生经验划分为十个领域：语言活动、健康活动、公民活动、社交活动、心智活动、休闲活动、宗教活动、家庭活动、非职业性的实用活动和职业活动。

2. 综合实践活动课程的内涵

综合实践活动课程是基于学生直接经验的课程，它密切联系学生自身生活和社会生活，注重对知识技能的综合运用，从而体现了经验和生活对学生发展的价值。2017年的《指导纲要》指出：综合实践活动是从学生的真实生活和发展需要出发，从生活情境中发现问题，转化为活动主题，通过探究、服务、制作、体验等方式，培养学生综合素质的跨学科实践性课程。这一界定明确了它的课程属性，阐明了课程实施的主要途径，也揭示了它

---

[1] Wiles, J. & Bondi, J. (2007). *Curriculum Development: A Guide to Practice* [M]. Pearson Education, Inc.3.

的独特的价值和育人功能。

首先,综合实践活动课程是一门经验课程。综合实践活动课程是从学生真实的生活经验出发来编制的,超越了具有严密的知识体系和技能体系的学科界限,是一门以学生的经验、社会实际和真实问题为中心,以主题的形式对课程资源进行整合的课程,以有效地培养和发展学生解决问题的能力、探究精神和综合实践能力为目的的课程。

其次,综合实践活动课程是一门实践性课程。综合实践活动课程转变了以往学生单一的以知识传授为基本方式、以知识结果的获得为直接目的的学习活动,强调学生多样化的实践性学习方式,如探究、调查、考察、制作、职业体验等。因而,综合实践活动课程比其他任何课程都更强调学生对实际的活动过程的亲历和体验。

最后,综合实践活动课程是一门综合性很强的课程。在开展综合实践活动的过程中,学生进行的是一种综合性的学习,强调超越教材、课堂和学校的局限,在活动时空上向自然环境、学生的生活领域和社会活动领域延伸,有效处理人与人、人与自然、人与社会的联系,让学生在综合探究和解决问题的过程中增长知识、发展能力。

(二)综合实践活动课程的特征与理念

1. 综合实践活动课程的特征

从课程内容选择的视角来看,综合实践活动课程在本质上是一种经验课程。经验课程以发展学习者自身经验为目标,旨在培养具有丰富个性的主体。与学科课程相比较,综合实践活动课程的主要内容不是系统化了的文化知识,而是以学习者的兴趣、动机和经验为基本内容。在学校教育发展的历史上,经验课程发挥了重要的作用,甚至在特定的学校中,经验课程也可以构成学校课程的主体,例如杜威在其实验学校中开设了烹调、缝纫、金工、木工等多种课程,这都是经验课程的具体表现。

既然是一种经验课程，那么综合实践活动课程就具有经验课程的基本特征：第一，以学习者的兴趣为出发点，强调课程内容对学习者的吸引力，致力于满足其求知的欲望、发展其多样化的兴趣；第二，突破"知识中心"和学科逻辑，从学习者的生活经验和心理发展逻辑出发选择课程内容，改变了以系统化的知识为主体编写教材的方式；第三，在课程的实施中主张"从做中学"而不是讲授，让学习者通过活动而获得直接经验并积累知识。

这些特征体现了综合实践活动课程的基本价值。它关注学习者的生活经验和心理发展逻辑，容易调动他们学习的积极性并发展其内在的学习动机，因此容易为学习者所接受和学习。而且，经验课程可以发展学生求知的兴趣，通过体验和活动而积累文化知识，因此是学科课程的重要补充。在我国的中小学课程体系中，有些活动类课程和实践类课程属于经验课程的范畴。但是，跟学科课程相比，经验课程有其不足，主要表现为不利于文化知识的系统传授，组织和实施的难度较大、耗费时间多，也有导致学校教育学术标准低落之嫌疑。

2. 综合实践活动课程的理念

第一，综合实践活动体现了整体主义的课程理念。

整体主义的课程理念强调人的整体性、社会的整体性和知识的整体性。人是活生生的有机体，是极具丰富性的一个整体，人的知识经验不能被条块分割式地肢解，学校中所开设的各门课程只不过是从各个侧面切入这个整体的一种尝试。教育不仅仅意味着知识的传授和技能的培养，而且还应当重视人的身体、情感、审美、伦理道德等各个方面的发展。但是，传统的分科主义教育却与此有不少相悖之处。分科主义课程过于强调知识的逻辑，为了有效传递知识而人为地把知识分为各个学科，而真实的、生活中的知识都是整合的，因此这种分门别类的知识远离学生的生活经验，学生很难进行有意义的学习。整体主义的课程理念强调体验性的学习，因为这种体验性学习更有利于学生在情感、审美、伦理道德等方面获得自然的发展。综合实践活动从这种整体主义的课程理念出发，尊重学生的经验和体验，倡导学生的自主探究，让学生在自主探究中关注人与自我、人与社会和人与自然的关系，把他人、社会和自然作为一个整体来看待，从而发展学生完满的人格，促进德智体美劳等全面、均衡发展。

第二，综合实践活动致力于培养学生的创新精神和实践能力。

学科课程注重学科知识的基本概念、原理和命题，而综合实践活动课程是一种实践性的课程，不注重学科知识的逻辑结构，不是局限于课程教学，而是注重学生的实践和活动，让学生走出教室，融入社会，融入自然，这就为学生的自主探究与实践开辟了大量空间。综合实践活动不是为了追求一个标准答案，学生的实践活动和探究活动没有固定答案，甚至不需要答案，它关注的是学生参与探究、参与实践、参与反思的过程。它倡导自主探究和实践，在自主探究中，学生不断反思、不断发现问题并解决问题。在这个过程中，学生会产生创新思维的火花，从而既锻炼了实践活动能力又培养了创新能力。如果说素质教育的核心理念就是培养学生的创新精神和实践能力，那么综合实践活动无疑是实施素质教育的一种理想的课程形式。

第三，综合实践活动体现出课程的开放性和生成性。

综合实践活动是一种开放的课程，它秉持的不是精英主义的导向，而是大众主义的，是面向所有学生的。每一个学生都有平等接受教育的权利，都有独特的兴趣、爱好、个性心理特征。综合实践活动既然倡导学生的主动探究，便天然地蕴涵着尊重学生的差异性和个体存在的独特性，因此它是观照全体学生的。它关注学生的经验，因此必须以开放性的内容框架容纳学生多样化的生活经验，关注学生表现的过程，而不是固定的结果。这样看来，综合实践活动也具有生成性特征。它是过程取向的，而不是追求终结性的结果。它是在学生的活动和实践过程中生成的，而不是预先规定的。教育是经验的产物，而经验是生成性的，是在生活中不断展开的。综合实践活动基于学生的经验组织课程，必然也具有这种生成性。

二、综合实践活动课程的价值与功能

（一）尊重学生经验，回归学生生活，体现出以儿童发展为本的价值取向

"回归生活世界"是 20 世纪哲学思考的一种主要转向，从胡塞尔（Edmund Husserl）、维特根斯坦（Ludwig Wittgenstein）到哈贝马斯（Jurgen Habermas）等，这些 20 世纪的西方哲学家以不同的话语提出了关于"生活世界"的理论。"生活世界"理论为我们思考人类社会生活问题架起了一座桥梁。20 世纪 90 年代以来的世界课程改革趋势，恰恰体现了课程研究向"生活世界"理论的转向，各国、各地区的课程改革几乎都在努力追求"向儿童经验和生活回归，追求课程的综合化"这一基本导向。基于这样的反思和批判，当代世界课程改革开始致力于把课程设计转向回归儿童的生活世界，直面真实的生活情境，倡导在真实问题情境的解决中进行知识的综合学习和综合运用。

但是，学科逻辑依然以某种程度的现实合理性在学校教育中处于重要的地位，综合性的教学和学习、知识学习与生活意义追寻的结合都受到限制，由此，需要设立一种非学术性、非科目性的新型课程，以使课程内容最大限度地回归儿童的生活世界，让学生在其中更自由地进行知识的综合化学习和运用，综合实践活动由此应运而生。"综合实践活动课程是立足于每一个体的整体人格发展和整体生活而建立的一门超越学科课程的新型课程形态，具有更高的实践性和综合性，它的价值独特性就在于此，它的

学科地位也立足于此,因此,设立综合实践活动课程并不是权宜之计。"[1] 综合实践活动课程的价值还体现在它尊重儿童的本性、彰显出以儿童发展为本的理念。在课程的设计上,综合实践活动课程从儿童的兴趣爱好和生活经验出发,符合儿童的心理发展逻辑,注重知识的应用和问题解决,由此,学生的经验成为课程设计和实施的基础,体现了以儿童为中心的课程开发理念。应该说,把儿童放在课程活动的中心,这是综合实践活动的最基本的价值取向,也是它受到学生普遍欢迎的根本原因。

(二)回应社会需求,折射时代发展的最新动向,体现了课程与社会的关联

在追问综合实践活动课程的价值时,我们首先要注意,任何一种教育现象的出现和流行,都有其特定的社会和时代背景,而要深刻理解这种现象,必须将其还原到既有社会情境中。综合实践活动课程在我国的兴起有其特定的社会背景,即世纪之交的社会变革和观念转型。这是综合实践活动课程得以在我国扎根生长的社会土壤,要理解它首先要剖析社会变革带来的观念转型。

当今时代,综观人类发展的各个领域,可以看出科技进步和社会变革成为时代发展的主旋律。人类对自然、对宇宙的认识日益深入,以计算机科学为代表的信息产业迅速崛起,科学发现和技术创新层出不穷,新材料、新能源不断被发现,新兴学科得以壮大,新技术不断改善着人们的生活……科学技术的发展真可谓"一日千里",由此带动了社会各个领域加速变革。然而,科学技术的发展对人类社会意识的影响具有两面性:一方面,科技发展改变了人们的生活和思维,人们由衷赞颂科学技术对社会发展的贡献;

---

[1] 张华,仲建维.综合实践活动课:价值分析和问题透视[J].当代教育科学,2005(12):4.

另一方面，科技发展带来的负面效应也不断显露，人们也更加理性地反思科技对社会发展的影响，对科技理性主导下的社会发展观进行调整。这样，进入21世纪后新的社会发展观得以逐步确立，即迈向学习化社会与可持续发展的社会。为了回应社会变革的这种需求，我国也在调整社会发展的思路，由此确立了科学发展观。科学发展观的核心精神体现在四个方面：全面发展、协调发展、可持续发展和以人为本的发展。这四个方面指出了21世纪我国社会发展的新特征，为社会各方面的发展提供了科学发展指针和规范。

作为社会发展的一个重要领域，学校教育的发展也必然受到科学发展观的影响，体现科学发展观的要求，由此带来教育发展观和人的发展观的转型。我国变革时期的教育发展正在发生一场根本性的转型，即从基于工业文明的近代教育走向基于信息化社会的现代教育。这就需要从教育理念、教育内容和教育方式等方面进行改革和重构。而学校发展的根本转型最终必须落实到课程教学的层面上来，于是基础教育课程改革则担当了实现新的教育发展观和人的发展观的重任。新课程改革高举"为了每位学生的发展"这一旗帜，对我国基础教育领域的课程与教学进行了观念转型和概念重建，力图为学生全面、和谐、可持续的发展提供一个良好的教育环境。在新课程改革推进的过程中，学习方式的变革是课程改革的一个重要方面，也是落实课程改革理想的重要手段。

基于以上分析可以看出，从根本上说，综合实践活动课程的价值之一就体现在它回应了变革的社会提出的新挑战，是新的教育发展观的必然要求，它有助于改变传统的课程与教学，可以为人的全面、和谐发展提供教育形式上的支撑。

三、综合实践活动课程的定位

（一）综合实践活动课程是一门国家课程计划中独立开设的必修课

从课程管理制度的层面而言，综合实践活动是基础教育阶段所有学生必须修习的课程。《基础教育课程改革纲要（试行）》规定"从小学至高中设置综合实践活动并作为必修课程"。《中小学综合实践活动课程指导纲要》也指出："综合实践活动是国家义务教育和普通高中课程方案规定的必修课程，与学科课程并列设置，是基础教育课程体系的重要组成部分。该课程由地方统筹管理和指导，具体内容以学校开发为主，自小学一年级至高中三年级全面实施。"综合实践活动课程不是其他课程的辅助，更不是附庸，而是与语文、数学等基本学科课程具有同等的地位和价值。任何地区、任何学校、任何教师和学生不得取消、挤占综合实践活动的课时。

在具体落实层面，综合实践活动课程由国家规定，地方进行指导，学校负责开发和实施。综合实践活动课程与其他必修课程不同，它没有相应的课程标准、教科书和要传授的知识体系，国家规定的只是课程目标、内容领域、课时数量和开设年级等基本方面，要落实这门课程就必须由地方和学校根据当地实际情况予以开发和实施。"按照基本的培养目标，在规定的课时内，选择什么样的活动主题，组织哪些学习、实践活动，采用怎样的活动方式，如何评价学生的学习等，地方和学校拥有充分的自主权，这为发挥地方和学校的办学特色提供了空间。"[1]

（二）综合实践活动课程是活动课程在新的时代条件下的深化与发展

活动课程与学科课程是构成学校宏观课程体系的两大课程类型。20世纪90年代初期，活动课程被正式纳入我国九年义务教育课程计划，中小

---

[1] 田慧生.综合实践活动课程的理论探索与实践反思[M].北京：教育科学出版社，2007：18.

学长期实行的以学科课程为主体的单一课程结构由此得到根本改观,活动课程建设取得了突破性进展。活动课程的普遍开设,为广大中小学生的身心发展提供了广阔的空间,因此受到了社会、家庭和学校的欢迎。可以说,活动课程的研究与实验是20世纪90年代中小学课程改革中最活跃、最富有生机与活力的一个领域,它对课程改革产生了积极的影响。

综合实践活动课程的出现,是活动课程深化、发展的必然结果。综合实践活动课程不是异于活动课程的另类课程,更不是对活动课程的取消或否定。在本质上,二者是一脉相承的,它们秉持同样的价值观、同样的宗旨,承载着同样的育人功能,所不同的是,综合实践活动课程在新的历史条件下体现了更鲜明的时代精神与特色,更突出了学生创新精神与实践能力的培养,更强调了研究性学习在课程构成及实施过程中的特有作用,在课程设计上更趋于规范,如课程名称更为确切,目标更为清晰,内容更为综合,要求更为规范等。这些无疑为综合实践活动课程的实施奠定了良好的基础。将综合实践活动课程定位于活动课程范畴,是基于这类课程的性质作出的基本判断。这就意味着在推进综合实践活动课程建设的过程中,要处理好继承与创新、历史与现实的关系,要在认真总结十多年来活动课程建设已有经验的基础上,准确把握时代要求,将综合实践活动课程建设稳步推向前进。

(三)综合实践活动课程是与学科并列而不是从属于某学科的综合课程

从本质上看,综合实践活动课程与学科课程是两类不同的课程,前者不是后者的简单补充或延伸。无论在课程目标、课程内容、课程实施、课程评价方面,还是在课程编制的价值取向、设计思路等方面,二者都有显著的不同。学科课程一般强调学科自身的知识体系和内在逻辑结构,它以各类文化科学基础知识为基本内容,以让学生获得系统、完整的学科基础知识和基本技能为主要目的,并在此基础上发展学生思维、提高学生能力。这类课程在保证学生获得系统基础知识及提高基本认识水平方面,发挥着主导作用。综合实践活动课程的主要任务则是引导学生通过对生活世界的各种现实问题以及现象、事件的积极探索,主动体验获得直接经验,提高综合运用知识的能力。它要求学生参与实际活动,综合运用所学知识,积极探索,主动体验,体现主动性和创造性。这类课程对于培养学生的创新精神和实践能力,丰富学生的精神生活,扩展学生的知识视野和促进学生的全面发展,发挥着不可替代的独特功能。

从课程的类型和性质上看,综合实践活动课程和学科课程是具有各自特定的课程价值、课程目标、课程内容和实施规范的两类不同的课程,它们自成体系,并行存在,在课程体系中具有同等的重要地位。在育人功能上,它们又相互配合,相互促进,共同发挥着各自的作用。综合实践活动课程的实施是在其他学科课程的基础之上进行的,学生将从学科课程中学到的知识与方法在综合实践活动课程中予以运用;综合实践活动课程的有效实施又反过来有助于学生学习学科课程。因此,二者相辅相成,相得益彰。

第二章

综合实践活动课程的内容与实施

综合实践活动课程是为了丰富中小学校的课程形态、回应社会发展和学生个性发展的需求而开设的，它是基于学生直接经验、密切联系学生自身生活和社会生活、体现对知识的综合运用的实践性课程。综合实践活动课程的这一性质决定了其在课程内容上要超越单一的学科知识内容，要融合学科知识、社会问题和学生的生活经验，让学生有机会开展综合性的学习；在教师的实施方式上要超越讲授式的信息传递，走向更加开放的体验式教学、探究性教学和交往性教学。在本章，我们将剖析综合实践活动课程的内容及其设计，阐述其实施方式，以期促进综合实践活动课程教与学方式的变革。

第一节　综合实践活动课程的内容

鉴于综合实践活动课程没有特定的学科知识结构，在课程内容上更多地体现灵活的主题选择和活动设计，因此国家并没有对其具体的课程内容作出规定，而是提出了内容选择与组织的基本原则及活动方式，其他具体的内容设计由地方和学校结合具体教育实际予以落实。因此，本节我们谈到的课程内容，更多地围绕这些原则和活动方式展开具体论述，并结合具体案例说明如何进行课程内容的设计，以帮助中小学教师更好地进行课程内容的创生。

一、综合实践活动课程的内容选择

2017年教育部印发的《中小学综合实践活动课程指导纲要》指出，学校和教师要根据综合实践活动课程的目标，基于学生发展的实际需求，设计活动主题和具体内容，并选择相应的活动方式。这意味着综合实践活动课程的具体内容是由中小学校来设计的，但文件对相关的原则和要求作出了规定，这是学校开发课程内容时必须遵循的。在内容选择方面，文件指出，综合实践活动课程的内容选择与组织应遵循自主性、实践性、开放性、整合性和连续性的原则。

（一）自主性原则

自主性原则意味着在主题开发与活动内容选择时，要重视学生自身发展需求，尊重学生的自主选择。教师要善于引导学生围绕活动主题，从特定的角度切入，选择具体的活动内容，并自定活动目标任务，提升自主规划和管理能力。同时，要善于捕捉和利用课程实施过程中生成的有价值的问题，指导学生深化活动主题，不断完善活动内容。

自主性原则强调学生的自主选择，学生可以自主选择自己感兴趣的话题以及与自己投缘的同伴，在自己喜欢的教师的指导下进行课题的研究和其他活动。有些学校在开展综合实践活动时，常常是由教师负责提供一些题目和活动内容供学生来选择。其实选题的过程也是一个锻炼学生的过程，而事先给定了选题的范围，看似对学生有帮助，实际却在某种程度上限制了学生的思维，使学生失去了很好的锻炼机会。当然，让学生选择自己喜欢的指导教师，可能会给教师带来很大挑战，也促使教师不断充实自己，发展兴趣特长。在这个过程中，教师的自身素质会不断得到提高，专业技能会不断得到发展。此外，教师应当和他所指导的小组共同讨论题目，并鼓励学生大胆说出自己的想法。教师要善于倾听，善于引导，给学生表达自己的机会，而不是代替学生思考，更不能强迫学生接受自己的意见，即使学生的意见是错误的，教师也要耐心引导，而不是训斥他们。综合实践活动应当充分尊重学生的兴趣、爱好和特长，鼓励学生自主选择，亲身体验。只有小组的组成、选题和指导教师的选择等环节都体现以学生的需要和兴趣为核心，学生的创造个性才能得到充分发展的空间。

（二）实践性原则

实践性是综合实践活动课程的本质属性。实践性原则意味着综合实践活动课程强调学生亲身经历各项活动，在"动手做""实验""探究""设计""创作""反思"的过程中进行"体验""体悟""体认"，在全身心参与的活动中，发现、分析和解决问题，体验和感受生活，发展实践创新能力。

实践性原则要求学生的研究和活动是在真实环境下开展的，综合实践活动的内容要来源于学生的真实生活，尤其是所选择的研究课题更要来源于学生的真实生活。鉴于传统的学科课程在一定程度上存在与学生生活相脱离的弊端，综合实践活动课程倡导与学生生活环境的紧密联系，注重学生对生活的感受和体验。因此，选题范围应包括自然环境、学生自我与社会生活等真实的世界。学生是在真实的社会和美丽的大自然中成长起来的，生活对学生来说再熟悉不过。教师应善于引导学生观察周围的环境、身边的事情，从学校、社会、家庭中发现有研究价值的课题。如，有的学生发现同学们普遍喜欢吃零食，他们就想知道为什么大多数学生喜欢吃零食，吃零食有什么坏处，他们便以"零食的诱惑"为题展开研究。有的小组研究的是"造成交通事故的原因"，还有的学生研究了"水污染的原因"。这都是学生善于留心社会生活而提出的研究课题。家庭生活对学生的影响作用不可低估，也可以作为学生选题的一个重要来源。如，有的学生选择了"父母为什么吵架"这一课题，他们想研究父母吵架的原因，怎样才能制止父母吵架，怎样使家庭成为一个美满幸福的家庭，等等。这些题目来源于学生的生活，学生对此有着深刻的体验，有助于学生进一步展开研究；同时，对这些课题的关注可以培养学生的责任感以及对生活的热情。

（三）开放性原则

开放性原则意味着综合实践活动课程面向学生的整个生活世界，具体活动内容具有开放性。教师要基于学生的已有经验和兴趣专长，打破学科界限，选择综合性活动内容，鼓励学生跨领域、跨学科学习，为学生自主活动留出余地。要引导学生把自己成长的环境作为学习场所，在与家庭、学校、社区的持续互动中，不断拓展活动时空和活动内容，使自己的个性特长、实践能力、服务精神和社会责任感不断获得发展。

作为一种基本的课程形态，综合实践活动课程强调超越教材、课堂和学校的局限，在活动时空上向自然环境、学生的生活领域和社会活动领域延伸，密切学生与自然、与社会、与生活的联系。学生开始走出教室，走向社会，学习的场所由学校扩展为整个社会，学生有机会体验生活、接触社会。综合实践活动课程没有固定的教材，也不可能有固定的教材，它的魅力正在于实施中的不确定性、开放性与生成性。活动开展的过程既是原有计划展开的过程，也是计划不断完善的过程，甚至可能是抛弃原有计划重新开始的过程。学生完全可以根据具体情境的需要，在原有计划的基础上开拓新的研究领域，或者沿着某一研究方向进行更加深入的研究，这完全是根据活动的需要，而不必拘泥于事先拟定好的计划。正是活动过程的这种变动不居，才真正体现了综合实践活动的无穷魅力，才能使学生忘我地投入。

（四）整合性原则

整合性原则意味着综合实践活动课程的内容组织，要结合学生发展的年龄特点和个性特征，以促进学生的综合素质发展为核心，均衡考虑学生与自然的关系、学生与他人和社会的关系、学生与自我的关系这三个方面的内容。对活动主题的探究和体验，要体现个人、社会、自然的内在联系，强化科技、艺术、道德等方面的内在整合。

综合实践活动作为一门综合课程，它不是对学科知识的综合，而是对学生生活领域和生活经验的综合。学生所面对的问题不是单一的学科课程所能解决的，也不是各门学科知识叠加起来就能回答的，而是需要把学生的已有经验和知识能力与现实的问题整合起来。综合实践活动打破了分科课程较多地关注过去的弊端，更加注重学生当下的"现世存在"，关注学生每一天每一时的日常生活经验。这样，学校的课程对学生来说才更具有意义，学生才能更有意义地学习和建构知识。

（五）连续性原则

连续性原则意味着综合实践活动课程的内容设计应基于学生可持续发展的要求，设计长、短期相结合的主题活动，使活动内容具有递进性。要促使活动内容由简单走向复杂，使活动主题向纵深发展，不断丰富活动内容，拓展活动范围，促进学生综合素质的持续发展。要处理好学期之间、学年之间、学段之间活动内容的有机衔接与联系，构建科学合理的活动主题序列。

二、综合实践活动课程的活动方式

在活动的方式方面，《中小学综合实践活动课程指导纲要》列举了综合实践活动课程的基本活动方式，主要包括如下四个方面：

（一）考察探究

考察探究是学生基于自身兴趣，在教师的指导下，从自然、社会和学生自身生活中选择和确定研究主题，开展研究性学习，在观察、记录和思考中，主动获取知识，分析并解决问题的过程，如野外考察、社会调查、研学旅行等。它注重运用实地观察、访谈、实验等方法，获取材料，形成理性思维、批判质疑和勇于探究的精神。考察探究的关键要素包括：发现并提出问题；提出假设，选择方法，研制工具；获取证据；提出解释或观念；交流、评价探究成果；反思和改进。

（二）社会服务

社会服务指学生在教师的指导下，走出教室，参与社会活动，以自己的劳动满足社会组织或他人的需要，如公益活动、志愿服务、勤工俭学等。它强调学生在满足被服务者需要的过程中，获得自身发展，促进相关知识技能的学习，提升实践能力，成为履职尽责、敢于担当的人。社会服务的关键要素包括：明确服务对象与需要；制订服务活动计划；开展服务行动；反思服务经历，分享活动经验。

（三）设计制作

设计制作指学生运用各种工具、工艺（包括信息技术）进行设计，并动手操作，将自己的创意、方案付诸现实，转化为物品或作品的过程，如动漫制作、编程、陶艺创作等。它注重提高学生的技术意识、工程思维、动手操作能力等。在活动过程中，鼓励学生手脑并用，灵活掌握各类知识和技巧，并能融会贯通，提高学生的技术操作水平、知识迁移水平，体验工匠精神等。设计制作的关键要素包括：创意设计；选择活动材料或工具；动手制作；交流展示物品或作品，反思与改进。

（四）职业体验

职业体验指学生在实际工作岗位上或模拟情境中见习、实习，体认职业角色的过程，如军训、学工、学农等，它注重让学生获得对职业生活的真切理解，发现自己的专长，培养职业兴趣，形成正确的劳动观念和人生志向，提升生涯规划能力。职业体验的关键要素包括：选择或设计职业情境；实际岗位演练；总结、反思和交流经历过程；概括提炼经验，行动应用。

当然，上述四种活动方式是最基本的、最关键的方式，综合实践活动除了以上活动方式外，还有党团队教育活动、博物馆参观等。综合实践活动方式的划分是相对的。在活动设计时可以有所侧重，以某种方式为主，兼顾其他方式；也可以整合实施方式，使不同活动要素彼此渗透、融会贯通。要充分发挥信息技术对各类活动的支持作用，有效促进问题解决、交流协作、成果展示与分享等。

《中小学综合实践活动课程指导纲要》设计了152个主题活动，体现了上述四个基本的活动方式，具有很好的参考价值，我们引用如下：

综合实践活动课程探索 | 031

表2-1：中小学综合实践活动推荐主题汇总

学段	考察探究活动	社会服务活动	设计制作活动			职业体验及其他活动	数量
			信息技术	劳动技术			
1-2年级	1. 神奇的影子 2. 寻找生活中的标志 3. 学习习惯调查 4. 我与蔬菜交朋友	1. 生活自理我能行 2. 争当集体劳动小能手		1. 我有一双小巧手——手工纸艺、陶艺 2. 我有一双小巧手——制作不倒翁、降落伞、陀螺等		1. 队前准备 2. 入队仪式 3. 少代会 4. 红领巾心向党	12
3-6年级	1. 节约调查与行动 2. 跟着节气去探究 3. 我也能发明 4. 关爱身边的动植物 5. 生活垃圾的研究 6. 我们的传统节日 7. 我是"非遗"小传人 8. 生活中的小窍门 9. 零食（或饮料）与健康 10. 我看家乡新变化 11. 我是校园小主人 12. 合理安排课余生活 13. 家乡特产的调查与推介 14. 学校和社会中遵守规则情况调查 15. 带着问题去春游（秋游）	1. 家务劳动我能行 2. 我是校园志愿者 3. 学习身边的小雷锋 4. 红领巾爱心义卖行动 5. 社区公益服务我参与 6. 我做环保宣传员 7. 我是尊老敬老好少年	1. 我是信息社会的"原住民" 2. "打字小能手"挑战赛 3. 我是电脑小画家 4. 网络信息辨真伪 5. 电脑文件的有效管理 6. 演示文稿展成果 7. 信息交流与安全 8. 我的电子报刊 9. 镜头下的美丽世界 10. 数字声音与生活 11. 三维趣味设计 12. 趣味编程入门 13. 程序世界中的多彩花园 14. 简易互动媒体作品设计 15. 手工制作与数字加工	1. 学做简单的家常餐 2. 巧手工艺坊 3. 魅力陶艺世界 4. 创意木艺坊 5. 安全使用与维护家用电器 6. 奇妙的绳结 7. 生活中的工具 8. 设计制作建筑模型 9. 创意设计与制作（玩具、小车、书包、垃圾箱等）		1. 今天我当家 2. 校园文化活动我参与 3. 走进博物馆、纪念馆、名人故居、农业基地 4. 我是小小养殖员 5. 创建我们自己的"银行"（如陶读、道德、环保） 6. 找个岗位去体验 7. 走进爱国主义教育基地、国防教育场所 8. 过我们10岁的生日 9. 红领巾相约中国梦 10. 来之不易的粮食 11. 走进立法、司法机关 12. 我喜爱的植物栽培技术	58

续表

学段	考察探究活动	社会服务活动	设计制作活动		职业体验及其他活动	数量
			信息技术	劳动技术		
7—9年级	1. 身边环境污染问题研究 2. 秸秆和落叶的有效处理 3. 家乡生物资源调查及多样性保护 4. 社区（村镇）安全问题及防范 5. 家乡的传统文化研究 6. 当地老年人生活状况调查 7. 种植、养殖什么收益高 8. 中学生体质健康状况调查 9. 中学生使用电子设备的现状调查 10. 寻访家乡能人（名人） 11. 带着课题去旅行	1. 走进敬老院、福利院 2. 我为社区做贡献 3. 做个养绿护绿小能手 4. 农事季节我帮忙 5. 参与禁毒宣传活动 6. 交通秩序我维护	1. 组装我的计算机 2. 组建家庭局域网 3. 数据的分析与处理 4. 我是平面设计师 5. 二维三维的任意变换 6. 制作我的动画片 7. 走进程序世界 8. 用计算机做科学实验 9. 体验物联网 10. 开源机器人初体验	1. 探究营养与烹饪 2. 多彩布艺世界 3. 我是服装设计师——纸模服装设计与制作 4. 创作神奇的金属材料作品 5. 设计制作个性化电子作品 6. 智能大脑——走进单片机的世界 7. 模型类项目的设计与制作 8. 摄影技术与电子相册制作 9. 3D设计与打印技术的初步应用 10. 现代简单金木电工具的认识与使用 11. 基于激光切割与雕刻的创意设计 12. 立体纸艺的设计与制作 13. "创客"空间 14. 生活中的仿生设计 15. 生活中工具的变化与创新	1. 举行大队建队仪式 2. 策划校园文化活动 3. 举办我们的3·15晚会 4. 民族节日联欢会 5. 中西方餐饮文化对比 6. 少年团校 7. 举行建团仪式（14岁生日） 8. 职业调查与体验 9. 毕业年级感恩活动 10. 制定我们的班规班约 11. 军事技能演练 12. "信息社会责任"大辩论 13. 走近现代农业技术	55

续表

学段	考察探究活动	社会服务活动	设计制作活动		职业体验及其他活动	数量
			信息技术	劳动技术		
10—12年级	1. 清洁能源发展现状调查及推广 2. 家乡生态环境考察及生态旅游设计 3. 食品安全状况调查 4. 家乡交通问题研究 5. 关注知识产权保护 6. 农业机械的发展变化与改进 7. 家乡土地污染状况及防治 8. 高中生考试焦虑问题研究 9. 社区管理问题调查及改进 10. 中学生网络交友的利与弊 11. 研学旅行方案设计与实施 12. 考察当地公共设施	1. 募会服务我参与 2. 扶助身边的弱势群体 3. 做个环保志愿者 4. 做农业科技宣传员 5. 参与公共文化服务 6. 做普法志愿者			1. 制定自然灾害应急预案及演练 2. 关注中国领土争端 3. 高中生生涯规划 4. 走进社会实践基地 5. 走进军营 6. 创办学生公司 7. 18岁成人仪式 8. 业余党校 9. 我的毕业典礼我设计	27
合计	42	21	25+26		38	152

第二节 综合实践活动课程的实施

由于综合实践活动课程具有独特的实践性和开放性,学生的学习也是综合性的学习,因此在课程实施上不同于一般的学科课程。当前,综合实践活动课程在实施方面也存在一定的问题,要更好地实现综合实践活动课程的育人功能,就必须进行良好的主题设计,通过主题设计为学生的发展提供机会,切实使该课程落地生根。

一、综合实践活动课程实施中存在的问题

在多年的实践过程中,这种新的课程形态在发展学生动手操作能力、培养学生创造性思维、提高学生实践能力方面,发挥了重要作用。尽管如此,实践中依然存在一些问题,总的来说主要有以下三个方面:

(一)对课程本质的理解,仍然存在一些偏颇

综合实践活动以学生的经验和生活为核心,将知识、社会与经验有机整合,为学生提供亲历实践、合作探究、增长经验并认识社会的机会。因此,它是一种面向所有学生、体现出很强的实践性和综合性的课程,是构筑基础教育课程体系的重要一环。然而直到目前仍有不少学校不能很好地贯彻实施该课程,有些学校则仅针对学习优秀的学生开设,课程实施陷入"精

英化"，这显然与综合实践活动课程的理念不符。

（二）对课程内容的理解，容易陷入"学科知识化"的误区

由于综合实践活动是以学生的经验增长作为逻辑起点，追求的是问题的解决和学生实践能力的提高，所以在内容上没有固定的知识体系，而是提供了多样化的问题情境和探究主题。但在教育实践层面，学校往往把综合实践活动课程作为一门知识本位的课程来看待，认为该课程要像其他学科课程那样具有一定的知识体系和知识结构。很多教师也形成了一种思维定式：课程里面一定要有知识体系，这就容易陷入"学科知识化"的误区。

（三）在课程实施的方式方法上，不能跳出传统的课堂授课模式

综合实践活动具有很强的实践性，它主要以活动的方式展开，强调学生的亲身经历，要求学生积极参与到各项活动中去，主要的学习方式有探究、考察、实验、设计、创造等，通过这些体验性的学习方式发现和解决问题，发展实践能力和创新能力。但在实践中，不少学校还是通过传统的课堂授课的方式实施综合实践活动。这就在很大程度上弱化了该课程的功能，偏离了设置综合实践活动课程的价值轨道，实际上是对综合实践活动的扭曲。

实施综合实践活动的关键，还是在于探讨如何为学生提供机会，以使其获得亲身参与实践的积极体验与丰富经验，形成从自己的周围生活中主动发现问题并独立解决问题的态度和能力，发展对知识的综合运用和创新能力。因此，基于综合实践活动的目标，探讨合适的内容和切实有效的课程实施方式与途径对于实现综合实践活动的宗旨至关重要。

二、综合实践活动案例分享

由于学科课程以掌握系统知识为主，即便现在也开始重视学生的实践能力了，但由于受学科教学时间的限制，学生较少有机会真正放开手脚参

与实践。而综合实践活动的实践性、开放性及自主性给学生提供了放开手脚参与实践的机会，学生既可以亲自动手制作，也可以亲自参与社会实践，在这个实践过程中，学生的观察、操作、合作、创新等多方面的能力都有机会得到提高。

为了实现这些育人价值，综合实践活动的实施也要充分体现学生的参与，要细化为不同的实施阶段，大致包括确定活动主题、提出活动目标、开展活动、交流和评价等环节。主题的选择需要考虑学生的生活经验和已有的知识背景，活动主题要易于探究、能够为学生所接受；确定活动目标是事先对学生预期的学习结果进行设计，通过目标的设计引领学生开展活动，体现目标导向；活动的开展其实就是学生自主探究的过程，这是综合实践活动实施的核心环节，学生的参与和自主探究的质量决定了综合实践活动的最终效果；交流和评价主要是为学生展示探究成果提供机会，同时对活动的情况进行综合评价。

在国内，综合实践活动课程已经成为中小学校落实新课改理念的重要载体，有不少学校和教师已经非常熟练地带领学生开展各种研究和实践活动。请看下面的两个案例。

综合实践活动案例分享之一：

清除社区小招贴[1]

一、确定活动的目标

（一）主题来源

随着生活节奏的加快，信息的发布与宣传成为人们生活的一部分。修

---

[1] 本案例作者为辽宁省沈阳市沈河区文艺路第二小学教师王睿。

理电器、疏通下水道、租售房屋、招聘启事等广告也纷纷出现在我们居住的社区里。由于墙壁面积有限，张贴广告的人们绞尽脑汁地利用光洁的墙面。更有甚者，有人将自己的小招贴贴在别人的小招贴之上，时间久了，便形成了一层厚厚的城市"牛皮癣"。有的小招贴经过风吹雨淋已面目全非。原本干净的墙壁、单元门以及其他各种公共设施经过这些小招贴的"装扮"后，变得惨不忍睹。

这些乱象引起了同学们的注意。有的同学说："今年暑假我在奶奶家住，参加了那里的社区服务活动。我的任务是跟着社区的叔叔阿姨一起清扫楼道。奶奶家住的是老旧小区，楼道的墙上全是小招贴，虽然楼道的地面清洁了，但是环境看起来还是不整洁。"还有同学补充说："老师，我家住在新小区，假期我参加的是植树活动。虽然外面的环境优美了，但是坐电梯的时候，我发现电梯里有一些小招贴，看起来特别不舒服。"听到这两位同学的发言，其他同学也七嘴八舌地吐槽起自己家周围的小招贴现象。

"同学们，既然小招贴和我们的生活密切相关，不如我们就把'清除社区小招贴'作为新的活动主题吧。"我试探着询问道。同学们都一致赞同。有的说："我们可以调查社区小招贴现状。"有的说："我想研究小招贴的清除方法，这样就能把我们家楼道中的小招贴清除掉。"还有的说："我去叔叔家串门，发现他们家的小区就没有小招贴，我想再去调查一下，原因是什么。"同学们你一言我一语，讨论特别热烈。

（二）活动阶段和目标

有了行动的方向，我和同学们一起梳理问题线索，根据不同的研究方式，把主题活动"清除社区小招贴"确定为三个阶段：第一阶段，考察社区小招贴现状；第二阶段，妙招清除小招贴；第三阶段，给小招贴安家。

五年级的学生们已经具备了基本的活动规划和考察探究的能力，根据本次主题的特点，我将我们沈河区制定的《小学综合实践活动能力目标体系》中规定的五年级的能力指标（2-4：制定可行的活动方案；6-7：服务社会）融入目标中：

1. 能制订可行性强的考察方案，利用调查采访，真实全面地了解人们对小招贴的看法、小招贴张贴处和种类等问题。

2. 小组合作探究不同地点、不同种类、不同材质的小招贴清除方法，并互相学习交流。

3. 组成小招贴行动小队，通过清除小招贴活动，提高合作与服务能力，增强奉献意识。

4. 通过建议社区增设公告栏和设计新型宣传栏活动，增强社会责任感。

二、活动的实施

（一）第一阶段：考察社区小招贴现状

1. 分组制订活动方案

社区小招贴现状考察是活动的基础和前提，我首先带领同学们梳理出需要考察的内容：了解社区都有哪些地方贴着小招贴，小招贴都有哪些不同的种类，人们对于小招贴的看法以及他们有没有好的相关建议，等等。社区实践活动需要根据同学们居住的不同小区来进行分组，这样有助于考察探究活动和宣传活动的开展。经过组合，同学们组成了制擎队、超凡队、越众队、炫彩队四队。然后结合考察内容，引导学生制订小组活动方案。

如何制订活动方案呢？我引导学生回顾以往活动方案的制订流程：写清活动内容→初步定好时间→确定有效的活动方法→根据成员特点分工→根据分工考虑步骤→预期可能出现的困难→预计解决的方法。让学生根据基本流程，充分考虑活动细节，制订可行的活动方案，下面就是一个小队制订的方案：

社区小招贴种类考察方案表

小队名称：越众队

活动内容	调查社区小招贴内容与张贴的地点
活动时间	9月12日
活动方法	观察记录法
成员分工及活动步骤	陈嘉仪：负责将小队成员分成两人一组，并随机拍照记录。 张晓萌、李远：带好照相机，负责拍照。 其他人员：两人一组，拿记录单与拍照的同学记录小招贴张贴地点。 闫静、付江嫒：负责整理调查结果并找到小招贴内容与粘贴地点之间的关系
预期困难	1. 照相机的电量不足，导致照片没拍完。 2. 记录的内容没有条理，难以发现问题。 3. 活动时会出现安全问题
解决方法	1. 提前给照相机充电，并带好移动电源。 2. 设计好记录的表格，两个人一组分别记录，最后汇总，小队分析。 3. 邀请家长跟我们一起行动

从方案中看出，学生们对于考察活动有自己小组的侧重点。这个小组选择的内容是调查社区小招贴的种类。实践方式选择观察记录法。这种方法能真实地反映小招贴的现状。在分工时学生遇到了一些问题。他们两人一小组进行随机调查，我看过之后询问他们："你们的调查结果想如何记录呢？""我们想用一个小本子来记录都有哪些种类。"他们异口同声地回答。"那么你们得到的调查结果有什么用处呢？"学生们陷入沉思。我试着启发："我们是要探究清除小招贴的方法，维护社区环境，所以……"他们恍然大悟："所以我们得知道这些小招贴的内容与粘贴地点有什么关系，好研究出不同的清除方法，准备不同的清除工具，对吗？"我笑着点点头，"你们的方案中还缺少一个记录表。在分工时可以按类别分组统计，

还要注意拍照记录，这样会更好。"

教师通过对每一个小组的活动方案进行点拨，使学生进一步清楚地认识到，可行活动方案的目的必须明确，条理要清晰，分工要具体详细，做好困难预设，并留出可调整空间，活动时根据实际情况及时调整修改方案，保证活动顺利实施。

2. 汇报交流结果

学生按照制订的方案进行活动，考察的结果反映了社区小招贴的真实现状。各个小组从不同侧面汇报交流考察结果：

制擎队：我们小队主要考察社区小招贴的粘贴位置，以及不同位置的粘贴数量。在考察时，我们在庆余小区的六栋楼范围内进行考察，每两个人负责两栋楼进行考察和记录。最后我们利用扇形统计图进行了汇总，结果如下：

社区小招贴数量调查

广告宣传栏 10%
社区公共设施 17%
单元门及楼道 42%
住户门 31%

通过考察我们了解到社区小招贴分布情况如下：单元门及楼道占42%，住户门占31%，社区公共设施占17%，广告宣传栏占10%，可见张贴小广告的人是知道在哪里张贴小广告的，但是为了使广告的传播和宣传达到最佳效果，他们会选择居民每天都会看见的地方张贴。

超凡队：我们小队考察的是小招贴的种类和张贴地点。我们发现了小招贴的种类与其张贴的地点有着密切的关系。下面是我们的统计结果（☹数量代表粘贴的程度）：

不同种类小招贴在不同地点的粘贴程度记录表

	粘贴式	印章式	传单式	卡片式	手写式
住户门	☹☹☹		☹	☹	☹
楼道墙	☹	☹☹☹			☹
单元门	☹☹		☹		☹
电梯间	☹			☹	☹☹
电表箱	☹		☹	☹	☹☹
报箱	☹☹		☹	☹☹☹	
电线杆	☹☹	☹			
广告栏	☹☹		☹☹		
地面		☹☹			☹☹

通过统计我们小队发现，粘贴式的小招贴在门上较多，而且不好撕掉；印章式招贴主要分布在墙面和地面；传单、卡片式招贴主要是采用投递和插缝的方式；手写式招贴则多为用油性记号笔在光滑的表面上书写。由此可见，要清除小招贴我们还得根据不同种类来分别攻破它们的藏身之所。

越众队：我们小队主要探究小招贴内容与其张贴地点的关系。我们发现：（1）维修、搬家类广告主要贴在住户门上及其周围地带，目的是方便居民寻找，例如开锁、疏通下水管、打扫卫生、地热清洁等。这些内容的小招贴都粘在用户一开门就能看到的地方，虽然用户有需要时能很方便地找到，但是却给各家各户的卫生清洁造成了巨大的困难。（2）租售住房和健身美容等广告主要是以传单的形式分发到报箱或者夹到门缝中，有的插得不牢掉在地上，有的被住户随手丢弃在楼道里，还有的用一小条双面胶粘贴。一些老旧小区清扫工作不及时，这些传单散落在地上使楼道里面显得特别脏乱。（3）一些虚假或违法的小招贴如办证、网络聊天等，会被贴在比较隐蔽的地方。（4）一些水电费的单据有时也会被贴在单元门上，如不及时取下，时间久了就难以撕下来。

炫彩队：我们小队调查了社区居民对于小招贴治理的建议。在活动中我们根据年龄层次将被调查者分为三类——少年、中青年和老年。我们共调查了12人，情况如下：少年儿童对小招贴的关注度不够，当我们问到他们的时候，他们只是说小招贴不好看，应该告诉那些乱贴的人不要破坏社区环境；中青年群体对小招贴比较关注，他们建议社区应该增加一些宣传栏、宣传版，让小招贴有地方可贴，且治理之后仍然乱贴乱画的应该联合通信部门对广告中的联系电话予以停机处理；老年人则更关注如何清除小招贴，爷爷奶奶们给我们介绍了许多方法。我们想在下一个活动阶段进行实验。

多角度的考察，让学生们全面了解了小招贴在社区的乱象。同学们都表示一定要清除这些恼人的小招贴。

（二）第二阶段：妙招清除小招贴

1. 清除工具的使用

（1）收集清除小招贴的方法

如何有效去除小招贴是同学们关注的热点。小招贴因为种类、粘贴方式、粘贴地点不同，去除的方法也有所区别。同学们从五个方面进行了讨论：第一，小招贴的粘贴地点；第二，小招贴的材质；第三，清除的工具；第四，清除的方法；第五，清除的难易度。同学们小组分工，完成小组调查表。

清除社区小招贴的工具调查表

招贴类型	粘贴地点	材质	粘贴方式	清除的工具	清除的方法	清除的难易度
调查方式						

（2）汇报讨论调查结果

清除社区小招贴的工具调查表

招贴类型	粘贴地点	材质	粘贴方式	清除的工具	清除的方法	清除的难易度
粘贴式	玻璃	不干胶	平整粘贴	铲刀	反复铲掉	难
纸质	单元门	纸	部分粘贴	抹布	先弄湿再撕下	易
印章式	墙面、地面	墨水	涂抹	高压水枪	清洗掉	易
手写式	柱子、铁门、电梯间	记号笔	书写	清洁剂	喷擦	难
调查方式	询问社区工作人员					

（3）发现新的问题

有的同学说："我发现用高压水枪清除小招贴的方法不可行，因为小区内无法自由地使用水和电力。"通过同学们的讨论，我们发现清除小招贴的工具或物品有以下几个特点：方便携带，体积小；工具牢靠，耐用；安全性强；清除效率高。据此，我们设计了下面的测评表。

清除小招贴工具测评单

工具或物品名称				
方便携带，体积小				
工具牢靠、耐用				
安全性强				
清除效率高				
工具成本				

同学们分组进行活动，找出最适合自己的清除小招贴的高分"神器"，并把这些工具带到课堂中进行方法交流。

2. 清除方法的交流

同学们通过动手实践测试不同工具去除小招贴的效果，并准备了实验材料，在课堂中现场演示。

制擎队：我们组主要研究如何去除门上的小招贴，并总结出三种方法：（1）风油精去除法。在贴纸上涂上风油精，渗透后用干布用力擦即可脱落，不留痕迹。如果没有风油精，可以用牙膏替代，只是效果会差些。（2）热毛巾清除法。可以先用热毛巾捂一捂小招贴，等湿透了，就可以轻松将它们撕掉。（3）双氧水清除法。双氧水可以软化已经硬化了的粘胶，使用方法是，用毛巾蘸双氧水擦拭贴纸，反复擦拭几下，过上一分钟左右就可以将它们揭下来了。

超凡队：我们组研究的是如何去除玻璃上的小招贴：（1）酒精清除法。用毛巾蘸少量的酒精在贴纸处反复擦拭，注意不能将其直接喷在玻璃上，否则会损坏玻璃。（2）护手霜。把护手霜均匀地抹在有贴纸的地方，然后用废弃的卡片轻轻一刮即可去除贴纸。（3）使用刀片轻轻地刮去贴纸，这种方法可以简单地除去贴纸，但是会在玻璃上留下一些划痕。

越众队：我们小队主要研究如何用物理方法去除小招贴，而且我们的方法方便易行：（1）吹风机法。吹风机的热风可以软化贴纸下面的胶，之后就可以直接将贴纸撕下来了。（2）铲刀法。利用铲刀反复铲除小招贴。但是我们的这两种方法有些局限性——吹风机需要电源，因此只能清除家里门窗玻璃上的一些小招贴；铲刀使用范围较广，墙面、玻璃、铁门等处都可以使用，但是会产生划痕损伤粘贴表面，还有一定的危险，铲刀使用不当会伤到手，因此使用时必须戴上厚手套。

炫彩队：我们小队发现印章式的小招贴可以用涂料或油漆来清理。但是要注意这两种物品有刺激性气味，使用前需要戴好口罩，还要防止弄脏衣物。

同学们的汇报很充分，在实施时还加入了演示，并把方法教给其他小队。其他小队的成员学习以后进行重复实验，掌握的方法就更丰富了。

这时我进行总结，我们清除社区小招贴的方法有两种：物理法和化学法。两种方法各有利弊，同学们使用时要注意安全。

3. 服务社区，清除小招贴

同学们在课后回到自己的社区进行活动，清除小招贴。在活动之前我提醒同学们需要注意以下问题：（1）使用工具时注意安全，可以戴上手套，防止划伤。（2）在使用风油精、双氧水、酒精时注意不要弄到眼睛上，可以戴防水手套和防护眼镜。（3）清除下来的小招贴要搜集起来投放到垃圾桶中。（4）小组合作完成，要有家长参与，注意人身安全。

各个小组利用周末时间，在老师和部分家长的带领下，热火朝天地开展了清除社区小招贴的活动，得到了社区居民的一致好评。

（三）第三阶段：给小招贴安个家

同学们通过实地清除小招贴，感受颇丰，并在实践中又有了新的发现：有些小招贴会被粘在社区公告栏上，看来有的宣传人员不是不知道应把广告贴在哪里，而是没找到公告栏或者公告栏的数量和面积不够；有的学生还发现，一些内容相同的小招贴的粘贴位置也是有规律的；还有的同学有了新的想法——宣传栏不够先进，可以设计出新型的宣传工具，从而杜绝小招贴。

同学们感觉有必要对新发现的问题进行宣传，并分组撰写所在社区的建议书，建议社区增加公告栏，并采用恰当的方法对小招贴粘贴人员进行劝阻。

同学们通过前期调查、实践，与社区建立了良好的关系。他们打算根据实际情况，给各自社区的领导写一份建议书。越众小队的同学不仅撰写了建议书，还大胆地发明设计，他们提出社区可以安装电子显示屏。这个电子显示屏与以往的显示屏略有不同，它的旁边有一个二维码，关注扫码后，可以进入小程序。广告发布者可以付费选择广告的投放时长和频率，但是内容需经有关部门审核。审核通过，即可在电子显示屏上播放广告。这样既省去了印制小广告的麻烦和费用，又保护了社区环境，广告收入还可以用来支持社区环境改造。

各个小队利用周末时间将建议书送到社区，取得社区的支持，把建议书放在社区公告栏中进行宣传。以下是炫彩队同学的建议书。

给社区小招贴安家建议书

庆余社区领导：

　　您好！

　　我们是文艺二校五年八班的学生，我们小队成员的家都在庆余小区。最近我们开展了"清除社区小招贴"的综合实践活动。通过调查社区小招贴现状和动手清除小招贴活动，我们小队同学发现社区的小招贴乱贴现象是可以制止的。我们想到了如下的建议：

1. 增加社区宣传栏数量，加大宣传栏面积，以便小招贴有处可贴。

2. 根据小招贴内容种类来为其安家。例如：维修类、搬家类广告可以张贴在楼道内设置的宣传板上；房屋买卖类、副食品类、招聘类广告可以张贴在社区街道旁布告栏的专门设置区域。遇到违法宣传行为，则与公安、电信部门协同，采取警示或者冻结联系电话的方法进行惩治。

3. 建立社区巡逻制度，及时制止乱贴小招贴的人员出入。

我们希望这几条建议能够获得社区领导的支持，相信我们的社区环境将会变得更加优美。

建议人：文艺二校五年级八班炫彩小队
9月25日

（四）活动总结

活动结束后，同学们根据活动实施过程中三个阶段的开展情况进行了回顾，并就活动过程中的经验与教训进行反思。

炫彩队：我们小队在老师的指导下制订了可行的考察方案，在老师的提醒下，活动前我们先与庆余社区的叔叔阿姨们取得了联系，活动中得到了他们的大力支持，深入我小区进行调查，了解了社区的小招贴现状。在研究清除方法时，我们能积极向有经验的人学习，所以在清除招贴环节的工作进展也非常顺利。我们撰写的建议书获得了社区工作人员的认可，这令我们感到特别高兴。

超凡队：在活动中，我们小队分工明确，尤其是张琳月同学的爸爸在社区调查和服务中全程陪伴我们，保护我们的安全，我们非常感谢张叔叔。在研究清除小招贴的工具时，一开始我们没有注意安全，有的同学的手受伤了，于是我们在清除社区小招贴之前，就告诉其他组的同学一定要戴手套，还要十分小心，以免被刀片、铲刀划到手。下次再做类似实验时，我们会把安全放在第一位。

越众队：我们小队在活动中，充分感受到小招贴带来的烦恼和清除之难，所以我们开动脑筋设计改进了社区电子公告栏。我们都觉得这个设计简单易行，优点多多，如果有关部门能够开通一个这样的小程序，那么社区的小招贴乱象一定能得到有效遏制。

制擎队：我们前后三次来到社区，了解社区小招贴情况，为社区做实事，感觉特别自豪。在宣传中，邻居爷爷还夸我们，从小就很有社会责任感，长大后一定是栋梁之材。我们听后特别开心，想着下次的活动我们还会规划得更好。

最后利用评价表引导学生对整个活动进行评价。

评 价 表

评价内容	社区考察了解小招贴现状是否真实有效	了解小招贴清除工具的使用方法	现场演示不同的清除方法	服务社区时能否有效分工	活动中是否注意安全	撰写的建议书是否切实可行
自我评价						
小组评价						
教师评价						
活动总评						

评价等级：5-1颗星

三、活动反思

（一）现状调查，从实验到实践，走出家校，服务社区

本次综合实践活动非常成功，学生们运用了多种研究方式来探究清除小招贴的方法，并进行了清除所在社区小招贴的活动。第一阶段通过考察探究，回归生活和社会，以学生的活动和交往为线索，构建学校、家庭、

社会三维的活动网络。学生用自己的眼睛观察生活，用自己的心灵感受生活，用自己的方式去研究生活。教师在活动过程中引导学生从身边小招贴乱象入手，留心观察社会生活中发生的变化，体会考察探究的意义。第二阶段通过访问和动手实践探究清除小招贴的方法，从实验到实践，为社区服务。第三阶段的宣传活动，学生同样是深入自己居住的社区，提出合理化建议，使活动更加有效，大大增强了自身的责任感。

（二）改变身份，从教师到学生，打破壁垒，服务学生

教师与学生在综合实践活动中，本来就是相互促进的关系，而在本次主题活动中这一关系体现得更为突出。从主题的确立、研究方案的制订、各小组进行深入探究，到研究成果总结汇报、交流反思，整个实践过程都是学生思考、设计、行动，教师加以引导，双方相互合作完成的。教师和学生在活动中是平等的探索者，也是相互合作的朋友。这使学生更加主动地去探究清除小招贴的方法，增加其服务社会的效能。学生们的心中带着热，眼中闪着光。他们在给社区提出合理建议的时候还能大胆想象，设计新型的电子宣传屏，可见他们自身也在打破壁垒，不断获得提升。

在以后的综合实践主题活动中，我希望自己能继续为学生们创设可以任意高飞的天空和尽情遨游的大海，让学生们在这自由、自主的实践空间里施展才能、磨炼意志、大胆创造，成为德智体美劳全面发展的一代新人。

综合实践活动案例分享之二：

"月圆中秋"主题活动[1]

曾几何时，愚人节、圣诞节这些西方节日在我国盛行，人们似乎忘

---

[1] 本案例作者是辽宁省沈阳市沈河区一经街第二小学教师王宏艳。

记了我国所拥有的悠久的历史与文化，这令人十分痛心。实际上，传统节日的形成，是我们国家历史文化长期积淀、凝聚的过程，时至今日，我们仍然可以从这些节日风俗里，清晰地看到古代人民社会生活的精彩画面。2006 年 5 月 20 日，国务院将中秋节列入首批国家级非物质文化遗产名录。自 2008 年起，中秋节被列为国家法定节假日。传统节日是我国的文化瑰宝，作为民族希望的学生们应该深入了解这些传统节日，体会中国历史文化的博大精深！

一、确定活动的目标

（一）活动主题来源

这学期开学，我们学校想结合中秋节举办一次"中秋游园会"活动。为了让学生们能更加深入地感受到中秋节的节日氛围，学校特面向全校学生发出"征集令"：

征 集 令

为了使广大师生更好地了解中华民族的传统节日，感受传统节日的文化内涵和氛围，我校即将举办"中秋游园会"活动。现面向全体学生征集游园会活动内容、灯笼和谜语，要求每班至少设计一个游园会活动，提交十个灯笼作品。欢迎各班同学踊跃参加！

一经二校

年 月 日

一石激起千层浪，这个"征集令"一发出去，教室里简直就炸锅了，同学们对灯笼最感兴趣，热烈地讨论着应该做什么样的灯笼，怎样做漂亮……连我走进教室都没有人发现。

我紧皱眉头，正预备整顿一下课堂纪律，一个平时聪明又很淘气的孩子看到我，突然两眼放光，像发现新大陆一样，跑到我跟前热情地对我说："老师，综合实践活动教做灯笼不？"我看着他的样子，不知道他要干什么，点点头说："可以教。"听我说完，这个孩子提高了声音的分贝，喊道："大家别讨论了，综合老师可以教我们做灯笼！"教室里一下子就安静了许多。班长和课代表自告奋勇地向我解释"征集令"的内容。听完他们的汇报，我高兴极了，心想，这正是我想带领学生开展但还没找到合适切入点的主题，忙说："我不仅能教会你们做灯笼，还能带领大家了解更多中秋节的习俗，甚至还可以帮大家一起设计'中秋游园会'的活动呢！你们愿意参加吗？"

"愿意！"大家异口同声地回答，我从来没听过学生们这么整齐又响亮的回答，忍不住笑了出来。果然，对于感兴趣的主题活动，孩子们的参与热情就是不一样。

接下来，我和学生们就一起商议起活动的流程来。大家一致认为，对中秋文化的了解是参与"中秋游园会"活动的基础，因此，我们把活动分为三个阶段，并把活动主题确定为"月圆中秋"：第一阶段，考察探究，中秋节文化；第二阶段，设计制作，中秋节灯笼；第三阶段，小小策划，"中秋游园会"。

（二）活动目标

四年级的孩子已经具备了一定的综合实践活动经验，有了一定的动手操作能力，有非常热情的参与意识，完全具备开展这一主题活动的能力。根据本次主题的特点，我将我们沈河区制定的《小学综合实践活动能力目标体系》中规定的四年级学生的能力指标融入总体目标中：

价值体认：通过策划、筹备、参与"中秋游园会"，感受中秋节观灯、赏月等节日习俗和节日氛围，体会中国传统文化的博大精深，为自己是中国人感到自豪!

责任担当:通过积极参与"中秋游园会"的筹备和策划,初步感知策划师这一职业的特点,体会其中的辛苦和成就,养成热爱生活和负责任的态度。

问题解决:通过探究中秋文化和策划"中秋游园会",能够自己独立思考,从多角度发现问题、提出问题,尝试从多渠道探究问题和解决问题。

创意物化:能够自己动手操作实践,理解并掌握"拆分"学制作的方法,初步掌握制作的基本技能,能够模仿和创意设计出与中秋有关的灯笼。

二、活动实施

(一)第一阶段:考察探究,中秋节文化

1. 指导提问方法,引导学生提出问题

学生对中秋节并不陌生,我利用多媒体有目的地呈现了学生生活中熟悉的中秋节场景,启发学生提出有价值的问题。我充分尊重学生,给学生自己独立思考的时间,给学生创设交流讨论的平台,并请学生将自己感兴趣的问题整理在《问题提出卡》上。

问题提出卡

序号	提出的问题	问题的来源

对学生提出的问题,我进行了细致的指导和评价,并提炼出了提问题的方法:

中秋节的习俗有哪些?中秋节灯笼的种类有哪些?——结合主题内容和实践任务提出问题;古人为什么这么关注中秋节呢?——从文献资料中提出问题;为什么"十五的月亮十六圆"呢?——在观察比较中提出问题;

中秋节为什么要吃月饼？——结合生活经验提出问题。除了通过点评指导学生提出问题的方法外，我还通过有目的的情境创设拓展学生思路，引导学生提出有价值的问题。

老师出示我国古人祭拜月神的图片并简单介绍：周代，每逢中秋夜都要举行迎寒和祭月。现如今，你还能看到这个习俗吗？"千里不同风，百里不同俗"，你还能提出哪些问题呢？

学生在老师的引导下，又提出如下问题："现在的中秋节习俗和古代有什么不同？""南方和北方的中秋节习俗有什么不同？""吃月饼这一中秋节习俗有哪些演变呢？"

最后，我引导学生将问题进行了整理，经过师生共同研究、归类，确定可以开展的主题活动为：中秋节历史文化的研究、南方和北方中秋节习俗的对比研究、古代中秋节习俗与现代中秋节习俗的对比研究、灯笼与灯谜的研究、月饼做法的研究。

2. 多方式实践，呈现个性化成果

学生们借鉴以往活动的经验，总结出可以去问卷调查、去商场实地考察、去亲自体验一下、去查阅文献资料或去询问专家等有经验的人来进行研究。一个星期之后，学生们呈现出了丰富的、个性化的研究成果，并在班级内进行了展示交流。

"中秋节历史文化的研究"小组成员不仅为大家介绍了中秋节的由来和美丽的传说，还为大家详细讲解了"为什么十五的月亮十六圆"，呈现了多首有关中秋节的古诗词："但愿人长久，千里共婵娟。""今夜月明人尽望，不知秋思落谁家。""嫦娥应悔偷灵药，碧海青天夜夜心。"……同学们被这些优美的古诗词深深吸引，一起吟诵起来。

"南方和北方中秋节习俗的对比研究"小组成员用表格的形式呈现了南方与北方中秋习俗的不同：

	南方习俗	北方习俗
相同点	赏月、追月、猜谜、吃月饼、中秋宴俗	
不同点	拜月、燃灯、树中秋、观潮、赏桂花、饮桂花酒、扎灯笼、扎柚皮灯、玩花灯、烧斗香、拜祖先、舞火龙、听香、烧塔、吃芋头、吃桂花鸭、烧瓦罐、打粑、杀鸭子、吃麻饼、吃蜜饼等	玩"兔爷"、祭土谷神、守夜、吃"麦箭"、男子泛舟登崖、女子安排佳宴等

"古代中秋节习俗与现代中秋节习俗的对比研究"小组成员将古代中秋节习俗查得非常详细，不仅如此，他们还采用问卷调查的方式，详细调查了现代人的中秋节习俗。

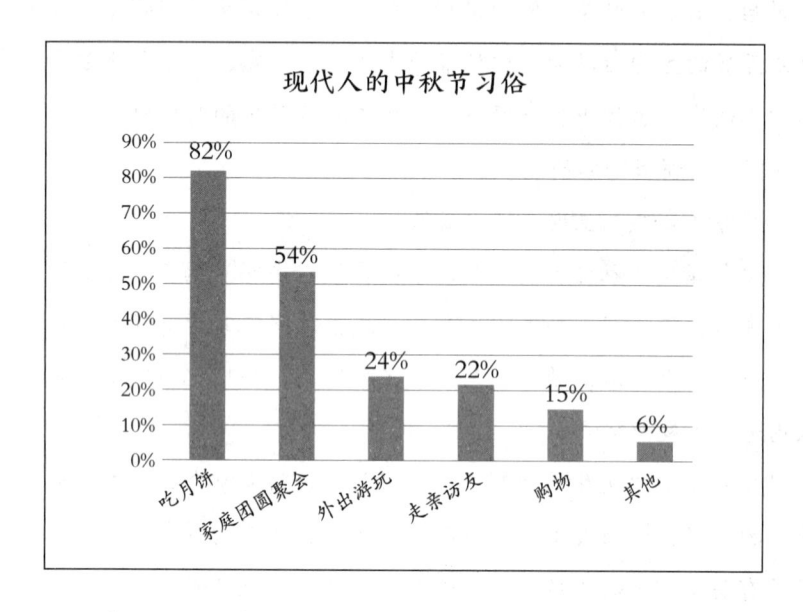

现代人的中秋节习俗

- 吃月饼 82%
- 家庭团圆聚会 54%
- 外出游玩 24%
- 走亲访友 22%
- 购物 15%
- 其他 6%

通过问卷的统计分析，同学们发现：现代人过中秋节保留的最多的习俗就是吃月饼和家庭聚餐，分别占到了被调查人数的82%和54%。随着人们生活水平的提高和中秋小长假的实施，有一部分人选择了利用中秋节假期外出游玩，走亲访友。选择中秋节进行消费的人也不少，约占15%。还有6%

的人延续着古代习俗，比如玩花灯、吃芋头等。

"灯笼与灯谜的研究"小组成员了解到，中秋节玩花灯多集中在南方。中秋节没有像元宵节那样的大型灯会，玩灯笼主要是在家庭、儿童之间进行的。同学们通过图片或视频的形式，为大家介绍了适合在中秋节提的各式各样的灯笼，开阔了同学们的眼界，充分调动了同学们接下来做灯笼的热情。

灯笼的种类	按种类分	宫灯、纱灯、吊灯等
	按造型分	人物、山水、花鸟、龙凤、鱼虫等
	按位置分	座灯、挂灯、水灯、提灯等
	按意义分	字姓灯、吉祥灯、一般灯、官灯等
	按材质分	铁丝骨架灯笼、竹篾骨架灯笼、纸镂空灯笼、折纸灯笼、环保材质灯笼、线材灯笼等
	按习俗分	广东部分地区：有用竹纸扎成的兔仔灯、阳桃灯或正方形灯；有用水果皮扎成的木瓜灯、香蕉灯、柚皮灯等。 广东佛山一带：芝麻灯、蛋壳灯、刨花灯、稻草灯、鱼鳞灯、谷壳灯及鸟兽花树灯等。 广西南宁一带：柚子灯、南瓜灯、橘子灯
除此之外，还有走马灯、羊灯、"气死风"灯、孔明灯、书法灯笼、剪纸灯笼等		

关于灯谜，同学们搜集了大量的灯谜并将它们进行了详细的分类，研究了哪些谜语更容易让同学们猜出来、如何书写、如何悬挂等，他们想得非常细致，得到了大家的一致好评。

灯谜的来历	灯谜又称文虎,最早是由谜语发展而来的,起源于春秋战国时期。明清时期,猜灯谜在中国民间十分流行
灯谜的种类	字谜、儿童谜语、动物谜语、成语谜语等
灯谜的猜法	拆字法、离合法、增补法、减损法、半面法、方位法、参差法、移位法、残缺法、通假法、盈亏法、会意法、一字反义法、题外暗扣法……
灯谜的书写	谜面要写到纸上,挂在高处的灯笼上,所以字要尽量写大一些,字数要少一些。另外,所写的谜语最好是贴近生活,这样人们猜中的机率比较大
灯谜的悬挂	最好挂在灯笼下面,也可以单独悬挂,要准备好绳子、乳白胶、双面胶和透明胶带等材料,根据实际情况固定

"月饼做法的研究"小组成员除了查阅资料外,还通过亲自体验制作月饼、询问家长等有经验的人的方式,详细了解了月饼的种类和制作方法,并在课上为大家带来了他们自己制作的月饼。

了解月饼	月饼的起源	月饼是古代中秋节时祭拜月神的供品,沿传下来,便形成了中秋节吃月饼的习俗
	月饼的传说	"月饼传信息""应将胡饼邀蟾蜍""明皇游月宫"等
	月饼的发展	殷周时期的"太师饼",据说是中国月饼的始祖
		汉代的胡饼
		唐代由胡饼改为月饼
		北宋的宫饼、小饼、月团
		明代开始在民间流传
		清朝开始盛行

月饼的种类	传统月饼	按产地分	京式、广式、苏式、滇式、潮式、台式、港式等
		按口味分	甜味、咸味、咸甜味、麻辣味等
		按馅心分	桂花、梅干、五仁、豆沙、莲蓉、火腿等
		按饼皮分	浆皮、混糖皮、酥皮、奶油皮等
		按造型分	光面、花边等
	非传统月饼		法式月饼、冰皮月饼、冰激凌月饼、果蔬月饼等

同学们的汇报紧紧围绕中秋佳节，真是精彩纷呈，最后大家整理完成了纸质或电子版本的研究小报告。

（二）第二阶段：设计制作，中秋节灯笼

有了对中秋佳节习俗和花灯种类的了解，同学们对制作灯笼都摩拳擦掌，跃跃欲试。大家都说这些灯笼太好看了，想试着做一做。怎么做呢？经过讨论，大家都觉得我们可以制作一些既有中秋特色，材料和制作方法又不太复杂的灯笼。我们可以一起从制作简单的纸灯笼入手，先学习掌握基本的制作方法和技巧，之后再去创意设计。

1. 探究灯笼的基本做法

为了让同学们能够有目的地开展活动，我给每个小组发了一个我亲手制作的灯笼，请同学们自己去探究。有的学生马上提出要照样子做一个，有的学生大胆说道："老师，我们可以把这个范例拆开来探究吗？"学生中爆发了一串惊叹，我马上对这个看似荒谬的想法给予肯定，"对，这也是一种学习的方法，这个范例可以拆开"。

（1）明确探究目的

本次探究目的是：小组分工合作完成本次探究活动；通过"拆分"，梳理出制作灯笼需要的材料和制作步骤；尝试总结"拆分"的方法。

（2）经历探究过程

探究，是一项需要细心和耐心的活动。我给了学生充分的时间开展探究，自己则在一边默默观察并适时引导。

有的小组未经观察就将灯笼拆了，结果不能提炼出准确的步骤，遇到这种情况，我会再发给学生一个灯笼进行探究。学生尝试了错误，很自然地总结出"拆分"的方法——先观察，再拆开。

有的小组很细心，不敢轻易下手去拆，里里外外看个透，我及时引导，告诉他们看清结构和各部分之间的关系就可以拆开。

对探究的难点我也及时给予指导，引导学生对比观察：灯笼主体外的小方形纸剪多大合适？需要剪多少个？什么时候粘贴合适？

（3）总结"拆分"方法

学生实践后及时引导学生总结"拆分"的方法，包括："拆分"前先观察，整体观察物品的结构和各部分的关系；"拆分"时有方法，按顺序"拆分"，边"拆分"边比较分析；"拆分"后有整理，"拆分"后，要对活动所需要的材料和具体制作方法进行整理。

（4）尝试制作

同学们用自己探究出来的制作步骤和技巧尝试制作这个灯笼，进一步判断制作方法提炼的合理性。

2. 设计制作创意灯笼

学会了灯笼的基本制作方法后，同学们对在第一阶段了解到的适合中秋节把玩的各式各样的灯笼开始跃跃欲试了。

有的同学想在灯笼图案上创新。"灯笼与灯谜的研究小组同学在之前的介绍中说，灯笼上的图案一般有山水、人物、花鸟等，我们可以在灯笼的主体上画出或粘贴上类似的图案，这样这个灯笼会更有中秋氛围。"

有的同学想在材料上创新。"灯笼与灯谜的研究小组同学在之前的介绍中说，广西南宁一带，除了用竹纸扎各式花灯让儿童玩耍外，还有柚子灯、南瓜灯和橘子灯，我想尝试做一做。"

有的同学决定做传统的花灯。"我有个亲戚家有竹子，我想在亲戚的帮助下用纸和竹子扎出一个兔子形状的灯笼，传统的灯笼更能让人体验到中秋佳节的氛围。"

有的同学想在功能上创新。"我们可以把刚刚做好的灯笼进行改造，加入一个不同颜色的灯泡，就可以做出彩色灯笼了。"

同学们的思路非常开阔，紧接着我又引导同学们对制作过程中可能遇到的难以解决的问题进行了讨论，大家便迫不及待地开始动手制作了。

一周后，大家呈现出的作品各式各样，非常漂亮。经过同学们和相关老师的投票选举，最终我们选出十个最漂亮的灯笼准备在"中秋游园会"上悬挂。

（三）第三阶段：小小策划，"中秋游园会"

"中秋游园会"可以开展什么活动呢？有了前期的积累，好多同学早已在头脑中开始构思这个问题了。大家畅所欲言，热烈地交流讨论起来，最后，确定了以下几个活动：

"看花灯 猜灯谜"——将同学们之前制作的各式各样的灯笼，贴上灯谜，悬挂在学校的指定位置，可以边看花灯边猜灯谜，还可以为同学们准备奖品。

"赏圆月 品美食"——现场制作冰皮月饼，让大家品尝。

"过中秋 留纪念"——用超轻黏土制作类似"兔儿爷"的纪念品，制作精美的卡片，上面写上关于中秋的古诗词，让大家都感受到浓浓的中秋氛围。

"玩游戏 欢乐多"——选取"投壶"这一古代中秋节时开展的活动，提前准备好壶和筷子，选取合适的场地，安排专门的同学负责维持现场秩序等。

1. 了解"小小策划师"

确定好了活动内容,具体怎样开展呢?同学们你一言我一语地讨论开来:"我们得具体分工一下。""还要提前准备些材料。"……在学生意识到策划有困难的时候,我及时地给予了指导。

"小小策划师"在活动准备阶段就要对自己小组的现状进行分析,找到小组的优势和具有的能开展活动的资源,从而决定开展哪项活动。进行活动策划时不仅要能设计有创意的内容,从而吸引更多人参与活动,还要注意活动细节的处理,最好是既有创意,又好执行。安排活动执行时要分工具体,责任到人。除了安排每个人都做什么,还要充分考虑到活动资源是否支持活动顺利开展,所有突发的状况和可能发生的问题及怎么处理等。活动结束后,还要对自己在活动策划和活动开展中的优点和不足进行及时总结,以方便改进。一个优秀的"小小策划师"既要具有全局意识,又要胆大心细。

2. 指导并完成策划

怎样进行活动策划呢?我以"看花灯、猜灯谜"这项活动为例,对学生进行了指导,和学生共同梳理出活动策划需要考虑的问题。

(1)策划书名称:可以用正副标题的形式写清具体活动时间、地点和活动内容。

(2)活动背景:写清活动的基本情况,如开展原因、由谁开展、活动特点及影响等。

(3)活动目的:用简明的语言写清活动产生的意义。

(4)活动资源:列出哪些是已有资源,哪些是需要资源,包括活动场地、活动材料等。

(5)活动开展:作为策划的正文部分,表述要力求详尽,要考虑到都有哪些工作项目,按时间先后顺序排列好各工作项目。将工作项目具体到人,全组同学要团结合作,才能更好地完成活动。

(6)经费预算:计算需要的活动费用及经费来源。

(7)活动中应注意的问题及细节:可能遇到的问题有哪些呢?灯笼挂得高,最好有个梯子;如果灯笼有电,我们还要准备电源;现场纪律乱,还需要有人维持纪律等。

(8)活动负责人及主要参与者,罗列出来。

最后,经过热烈讨论和不断修改,同学们完成了如下小组活动策划方案:

中秋游园会"看花灯、猜灯谜"活动策划方案

——四年级一班玉兔小组

活动背景		为了响应我校关于中秋节活动的"征集令",为同学们呈现出精彩、有趣的中秋节活动,我们小组根据组内同学的喜好和特长,选择"看花灯、猜灯谜"这项活动进行活动策划。希望能够通过这次活动策划,为同学们参加"中秋游园会"营造一个良好的节日氛围	
活动目的		1.通过悬挂灯笼和灯谜,为"中秋游园会"布置会场。 2.开展猜灯谜的活动,为同学们营造一个欢乐、喜庆的节日氛围	
资源需要	已有资源	活动场地(学校长廊)、灯笼(班级选出的十个灯笼)	
	需要资源	灯谜、彩纸、彩笔、铁丝、胶带等	
活动开展	负责人	具体任务	活动方法
	李彤	组长。与学校沟通设计会场、确定灯笼的悬挂地点	实地考察
	赵刚、王丹	找灯谜、写灯谜	查阅资料
	全组成员	悬挂灯笼和灯谜	实践
	周宁	引导猜对灯谜的同学到兑奖处兑奖	
	全组成员	"中秋游园会"时,进行现场纪律和安全维护	

续表

经费预算	经费项目	经费来源
	写灯谜用的彩纸、毛笔、墨水等，50元	王丹
	布置会场需要的铁丝、胶带等，10元	李彤
活动中应注意的问题及细节	1. 电源的不足：多带几个插排，并与学校沟通电源的使用问题。 2. 安全问题：对容易出现问题的地方，比如悬挂灯笼时用的梯子、有插排的地方，要安排人看守	

有了这个活动策划指导，同学们的畏难情绪减轻了不少。小组策划活动时，教师又结合学生实际情况进行了具体指导。每个组的活动策划方案完成后，教师请每组同学将策划的内容与大家分享，一起指出他们策划书中存在的问题，并依据评价表完善活动方案。

3. 评选并上交方案

经过修改的方案哪个更好呢？同学们都将自己小组的方案整理好后提交了上来。最后，经过评选，"投壶"游戏组获胜。美食组和奖品组的同学决定助力游戏组，将现场制作的月饼和"兔儿爷"作为游戏奖品。

评 价 表

评价内容	策划方案具有中秋节文化特点	策划方案有创意	策划内容趣味性强	策划方案可操作性强	充分考虑活动资源及细节	小组同学具有独立实施方案的能力
自我评价						
小组评价						
教师评价						
活动总评						

评价等级分为：优秀、良好、还需努力。

（四）活动总结

整个主题活动结束后，教师引导学生再次对整个主题活动进行总结反思，将自己在整个主题活动后的收获和感受进行整理并记录下来，写在《自我反思表》里。

自我反思表

研究主题		
参与的活动内容		
我的合作伙伴		
自我反思	我参与的态度	
	我的收获	
	我最大的成功	
	我的小小遗憾	
	我的努力方向	

同学们在交流中，纷纷谈了自己的活动收获：

"'中秋游园会'那天，我和组员们亲自组织开展了'投壶'这一游戏，因为之前活动策划得比较周到，所以活动实施起来非常顺利。同学们参与游戏的热情非常高，看到他们又能玩游戏，又有奖品领，还体验到了古代中秋的节日氛围，我非常开心。"

"在这一主题活动过程中我提出问题、开展调查、查找资料、制作灯笼、策划活动、实施活动，我觉得自己在这一系列的活动中收获了进步，收获了乐趣，收获了友谊，我喜欢综合实践活动课。"

"在一个多月的活动过程中，我们一起深入了解了中秋节的相关传说、来历及习俗，学会了制作各种好看的灯笼，通过'中秋游园会'体验到了活动策划的不易,感受到了有趣、热闹的中秋习俗。看到同学们都喜欢我们小组制作的'兔儿爷'奖品,我特别有成就感。"

"这个主题活动太丰富了,我第一次感受到我国的中秋节这么有意思。通过这次活动,我不仅学会了制作灯笼,还学会了制作月饼。我还想了解我国其他的传统节日,将我对传统节日的了解传递给更多的人。我发现自己对中国的优秀传统文化更加喜爱了,也越发感受到中国优秀传统文化的博大精深,我为自己是中国人感到自豪!"

三、活动反思

(一)充分尊重学生的兴趣和自主权是主题活动成功开展的关键。

"月圆中秋"这一主题是对学生进行传统文化教育,感受中国传统节日风俗的一次活动。这并不是一个好开展的主题内容,但是,因为在主题确立之初有学校的"要求"和学生的"需要"在先,所以整个活动的开展很成功。除了主题的选择要充分尊重学生的兴趣外,在活动进行过程中,也要给学生充分的自主权。活动如何开展?怎样开展?小组具体做什么?怎样做?自己有什么特长?想做什么?能做什么?……所有的选择权都交给学生自己,让学生选择自己感兴趣的、擅长的活动,也是活动有效开展的关键。

(二)综合性强的活动可以更好地培养学生的综合素养。

为了完成活动任务,学生运用了考察探究、设计制作、职业体验等多种实践方式,每种实践方式又不是独立存在的,它们之间是紧密相连的。考察探究中秋文化是设计制作灯笼和策划"中秋游园会"的基础,设计制作灯笼和策划"中秋游园会"又是考察探究中秋文化的延伸。环环相扣的活动,多种多样的实践方式,使学生在活动中体验了工匠精神,发现了自己的专长,提高了解决问题的能力,形成了责任意识和正确的价值观念。

(三)有效的活动评价可以让学生及时获得关于活动过程的反馈,方便改进后续活动。

对于这样长周期的实践活动,应该在每个阶段活动结束之后都进行评价,最后再进行总评。让评价伴随学生的整个活动过程,这样才能使学生及时了解到自己的成功和不足,促进活动的深入开展和学生自身的发展。

第三章

综合实践活动课程的教师指导

综合实践活动是顺应世界教育改革潮流而产生的课程，反映了我国基础教育课程发展的基本走向，使我国的课程结构发生根本性变化。这样一门综合性极强的实践性课程所带来的新理念、新方式，无论是在思想观念方面还是教学实践方面，对于习惯了学科课程教学方式的教师来说，都是个不小的挑战。在十几年的课程实践历程中，有很多教师做出了积极的回应，这种回应体现在教师教育观念和教育行为的转变上，体现在对综合实践活动教师角色与地位的重新定位和理解上，体现在教师的专业成长上。

第一节　综合实践活动课程的教师角色及其定位

教师,是课程的直接实践者,其角色意识、角色表现决定着课程的实施效果和发展趋势。唐代韩愈在《师说》中说:"师者,所以传道受业解惑也。"传统的学科课程以间接经验的获取为主要目的,学生没有前人的时代背景和相同的经历,需要通过教师的讲授来完成认知,因而教师一直被认为是知识的载体、知识的权威。20世纪70年代,联合国教科文组织编写的《学会生存——教育世界的今天和明天》一书,对未来教师角色作了这样的描述:"教师的职责现在已经越来越少地传授知识,而越来越多地激励思考;除了他的正式职能以外,他将越来越成为一位顾问,一位交换意见的参加者,一位帮助发现矛盾论点而不是拿出现成真理的人。他必须集中更多的时间和精力去从事那些有效的和有创造性的活动:相互影响、讨论、激励、了解、鼓舞。"[1]综合实践活动课程的设立,是为了避免学科课程分科过细、一定程度上脱离学生经验的弊端,体现了新课程改革"以学生发展为本"的理念。综合实践活动指导教师的角色定位,也应该从以往的学科本位、知识本位的观念中解脱出来。

---

[1] 联合国教科文组织国际教育发展委员会.学会生存——教育世界的今天和明天[M].华东师范大学比较教育研究所译.北京:教育科学出版社,1996:108.

综合实践活动作为非学科课程，不存在某一学科的知识体系，它打破了传统的学科界限，将书本世界与生活世界连接，将学生感兴趣的问题、身边的综合性课题和跨学科知识，以主题活动的形式整合起来，带有明显的综合性、实践性、生活性和探究性等特点。这种不同于学科课程的内容和特点，必然带来教师角色和定位的转变，教师失去了知识权威和知识垄断，由课程的主体地位转变为必须重视学生主体价值需求、满足学生自我发展需求的客体。

伴随着综合实践活动课程的开设，2001年教育部出台的《综合实践活动指导纲要（试行）》指出，教师"由传统的主导者、支配者转变为支援者、参与者"。2017年教育部印发的《中小学综合实践活动课程指导纲要》（以下简称《指导纲要》）中也明确指出，教师"应当成为学生活动的组织者、参与者和促进者"。

许多专家、学者对综合实践活动教师的角色与定位也进行了深入的研究：我国学者周波认为，教师应基于课程实施层面的创生性取向，实现教师角色由课程执行者向课程开发者的转向；应基于知识观的价值承载取向，呈现出教师角色由知识的传授者向发展促进者的转向；应基于教学过程的交往取向，表征着教师角色由独白的权威向对话的非权威的转向；基于教学主体多维取向，呈现出教师角色由教学单一体向教学合作体的转向。[1] 我国学者李亚红认为，从课程开发的角度，教师是综合实践活动课程的建构者；从学生学习的角度，教师是学生学习的促进者、指导者、组织者；从教师工作方式的角度，教师是合作者；从课程实施的角度，教师是研究者；从自身专业发展的角度，教师是反思性实践者。[2]

---

[1] 周波. 综合实践活动课程视阈下教师角色的转变[J]. 中国成人教育，2011（23）：150-151.

[2] 李亚红. 综合实践活动课程开发与实施中教师行为改善的研究[D]. 陕西师范大学，2006.

许多一线教师在课程实践过程中，对综合实践活动教师的角色和定位也有了深刻的认识和感悟：宋立认为教师应变"活动策划"为"活动参谋"，变"知识传授"为"指导点拨"，变"挑刺批评"为"鼓励赞赏"，变"包办代替"为"后勤服务"；[1]李剑认为教师应该从"俯首听命"到"操刀上阵"，从"神坛权威"到"参谋顾问"，从"单兵作战"到"军团协作"，从"教书匠人"到"求知达人"。[2]

综合以上研究我们发现，对于综合实践活动教师角色与定位的研究，均围绕着教师与课程的关系、教师与学生的关系和教师与同伴的关系三个维度展开，突出了两个"主体"，即教师是课程建设的主体，学生是课程学习的主体。

一、教师与课程——开发者

在传统的学科课程中，课程的开发是政府和专家的事。综合实践活动作为一门从学生的真实生活出发，以学生的发展需要为核心的实践课程，有很强的实践性、地方性和个人色彩，政府和专家不可能将不同地域、不同背景的学生的生活世界统一起来，无法提供也不适合提供全国统一的课程内容，各地开发的课程资源也只能成为教师课程实施的参考，而不能作为大范围内全体学生统一使用的课程。《指导纲要》指出"该课程由地方统筹管理和指导，具体内容以学校开发为主""学校和教师要根据综合实践活动课程的目标，并基于学生发展的实际需求，设计活动主题和具体内容，并选择相应的活动方式"。综合实践活动成了国家课程体系中唯一一

---

[1] 宋立. 综合实践活动教师角色的转变[J]. 成才之路，2007（19）：15.
[2] 李剑. 综合实践活动课程中教师角色的转变[J]. 教学与管理，2010（5）：18-19.

门允许学校和教师自主开发的课程，教师不再是孤立于课程之外的"执行者"，而是课程的有机构成部分，成了课程最重要的开发者和设计者。

综合实践活动课程的内容不是单一学科知识的逻辑化体系，而是广阔的生活世界。教师要依据《指导纲要》中的相关规定，在地方教育部门的指导下，结合学生的生活、学生的兴趣和能力、课程实施的可操作性、课程的系统性要求承担起课程开发的重任，架起课程与生活的桥梁、学生与生活的桥梁以及认知与实践的桥梁，提升学生跨学科解决问题的能力，培养学生的综合素质。

综合实践活动课程不单单是"文本课程"，也是教师与学生共同探求新知的"体验课程"。在课程实施过程中，教师不仅仅是在落实课程方案，教师与学生的共同体验和感悟也是创生课程和完善课程的表现。正如美国学者塞勒对课程与教学关系的隐喻："课程是一个乐谱，教学则是作品的演奏。同样的乐谱，每一个演奏家都会有不同的体会，从而有不同的演奏，效果也会大不一样。"[1]作为课程的开发者，教师要有课程意识，即对课程本质、课程结构与功能、课程性质与价值、课程目标、课程内容等方面有基本的认识，在课程设计与实施时注重弹性、动态和互动，将学生带入课程并与学生共同演奏出精彩的乐章，在这一过程中逐步调整和完善课程、建构和提升课程意义。

综上所述，我们可以将教师在课程开发中的自主权利及其表现概括为：与校外专家、机构及校内同行等一起设定主题，制订具体的课题和这些课题的关联图；明确学习资源，包括人物、设施、学习空间、资料、媒体等；为学生设计有价值的体验活动，让学生进行问题解决式学习；设计个别化和协同化的学习过程；准备教师的支持和学习环境；准备进行记录学生在

---

[1] 转引自施良方. 课程理论——课程的基础、原理问题[M]. 北京：教育科学出版社，1996：139.

整个学习过程中的各种表现的公文包式的评价和自我评价；制作能够探索学生长期学习轨迹的评价工具。[1]

二、教师与学生——组织者、参与者、促进者

在综合实践活动实施的过程中，学生是活动的主体，活动的全过程都应该突出学生作为活动主体的地位和作用，都要尽可能地让学生自主活动，教师只是学生活动的组织者、参与者和促进者。

（一）活动的组织者

综合实践活动课程的开放性、内容的综合性、过程的生成性、空间的广阔性和时间的延续性等特征，决定了活动中所涉及的因素是复杂而多变的，需要教师做好活动的组织和管理工作。教师要依据学生所选择的活动方向对活动的开展进行总体规划，全盘考虑活动中可能出现的各种影响因素，组织、检查和监督学生的实践活动。面临复杂的交际情景，教师要帮助学生协调好各种人际关系，包括活动小组成员的关系，学生与指导教师的关系，学生与学校、家长的关系，学生与外出活动部门的关系等。作为组织者，教师要为综合实践活动课程的顺利开展创设良好的外部环境，使学生的活动时间和空间在课程中获得合法地位，把自主性学习落到实处。

（二）活动的参与者

综合实践活动作为一门活动课程，强调学生学习的经验性和活动性，教师要让学生亲身体验和参与活动，同时其自身也应以平等的身份参与到学生的活动当中去，成为学生真诚的学习伙伴，塑造民主、合作、平等的

---

[1] 李芒．论综合实践活动课程与教师的教学能力［J］．教育研究，2002（3）：63-67.

师生关系。教师通过参与者的身份与学生共同经历活动过程，有利于教师和学生之间的交流与沟通，可以帮助教师深入地了解学生的个性特征、思想动态以及活动的进展、问题与需求；师生共同应对全新的领域、全新的知识、前所未有的深度，共同经历活动过程中的酸甜苦辣，有利于增强学生的活动信心，从而使学生产生极大的动力。同时，教师参与者的身份，可以使教师全程经历活动过程，这也是丰富指导经验、提升指导水准、促进教师自我发展的最佳方式。

（三）活动的促进者

在综合实践活动课程中教师不再是知识的占有者、传递者，按照当代美国人本主义心理学家罗杰斯的观点，教师是学习的"促进者"，这种学习的"促进者""如同学习的一位向导，如同解决问题的模范，如同一种发动学习过程的催化剂，如同学习过程中的一种助力，还如同学生能带着他们的问题前来拜访的朋友"。所起的作用是：（1）帮助学生澄清自己想要学什么；（2）帮助学生安排适宜的学习活动和材料；（3）帮助学生发现所学东西的个人意义；（4）维持某种滋育学习过程的心理气氛。[1]在整个课程实施过程中，教师作为促进者所起的作用是"帮助""激发"和"评价"，而不是传统教学论所强调的"授受"作用。

1. 促进是一种帮助。

当教师以平等的学习伙伴的身份参与到学生的活动过程时，其目的就是给予帮助和引导，帮助学生在探究中把握方向，使活动沿着既定的目标开展，帮助学生形成并增强其自主选择的意识和能力，帮助学生处理活动过程中随时会出现的新情况、新问题、新困境等，帮助学生将经历转化为经验并运用到实际生活中，从而将知识和能力进行自我内化，转化为长久

---

[1] 转引自钟启泉，黄志成. 美国教学论流派[M]. 西安：陕西人民教育出版社，1993：259.

的、终身受益的思想、品德、情感、态度和智慧。

2. 促进是一种激发。

要发挥促进者的作用，关键不在于课程设置，不在于教师知识水平及视听教具，而在于"促进者和学习者之间的人际关系的某些态度品质"[1]。因此，教师要创设一种良好的学习氛围，良好的学习氛围应该是充满真实、关心和理解性倾听的心理氛围，这种氛围最初来自"促进者"，随着学习过程的进行，这种氛围越来越多地由学生彼此提供[2]。这种氛围应该以鼓励学生的积极性、主动性和创造性，鼓励学生的合作精神和开放思想为前提，既要面向全体学生，又要了解和研究每一个学生的需要及其发展的可能性，促进学生有个性地发展和个人潜能的发挥，让每一个学生能够感受到自己的价值，享受到探索所带来的惊奇和美妙。

3. 促进是一种评价。

教师要把握好综合实践活动课程中评价对学生的帮助和促进功能，避免只重结果、不重过程的甄别，要让学生感受到在综合实践活动课程中没有失败者，让评价真正发挥促进学生成长的功能。教师应把评价视为一种交往，"为了探察儿童的心灵，发现藏匿在他心灵深处某个角落里的神奇的铃铛，然后小心谨慎地去触动这个铃铛，从而使儿童内心所具有的一切最美好的东西都能显示出来"[3]。教师要关注学生活动过程中的真实感受和独立思考，对其进行恰如其分的分析和解释，借助评价帮助学生全面、正确地认识和把握自己的行为表现，找到自己的努力方向。

---

[1] 彭玉华. 简论"教师是学生发展的促进者"[J]. 中小学教学研究，2005（7）：17-18.
[2] 钟启泉，安桂清. 研究性学习理论基础[M]. 上海：上海教育出版社，2003：84.
[3] [苏]阿莫纳什维利. 孩子们，祝你们一路平安[M]. 朱佩荣译. 北京：教育科学出版社，2002：280.

三、教师与同行——合作者

在传统的学科教学中，每一位教师都有自己的学科专业和特长，教师基本上是独立地完成教学工作。综合实践活动课程实施的复杂性和诸多因素决定了教师要从个体走向合作，与校内外的相关人员联合起来对课程进行开发和指导。《指导纲要》指出，学校"要建立专兼职相结合、相对稳定的指导教师队伍。学校教职工要全员参与，分工合作"，"各学科教师要发挥专业优势，主动承担指导任务。积极争取家长、校外活动场所指导教师、社区人才资源等有关社会力量成为综合实践活动课程的兼职指导教师，协同指导学生综合实践活动的开展"。教师的工作由个体教学走向协同指导，这对教师来说，是一种工作方式的转变。合作弥补了单个教师的不足，集教师与校外专家之合力，能带给教师归属感并对课程的实施产生更深的影响。

综合实践活动实施过程中，教师对自己角色和地位的正确把握，关系到课程实际的运作。教师要在清晰的角色认知前提下，履行好自己的角色职能，通过积极的角色表现进行创造性的工作。

第二节　综合实践活动课程的教师指导策略

《指导纲要》明确指出:"在综合实践活动实施过程中,要处理好学生自主实践与教师有效指导的关系。教师既不能'教'综合实践活动,也不能推卸指导的责任,而应当成为学生活动的组织者、参与者和促进者。教师的指导应贯穿于综合实践活动实施的全过程。"

一、综合实践活动课程教师指导的必要性及其价值

综合实践活动的课程目标是以培养学生综合素质为导向,注重学生的主动实践和活动内容开放生成,其活动的设计和实施都以学生为中心,体现了以学习者为中心的课程观。课程的实施是建立在学生自主实践基础之上的,但是学生的年龄特点和社会经验决定了他们在身体发展、认知发展、人格发展等方面都没有达到理想的"自主""自制"水平,不能独立面对复杂的学习环境,需要教师的有效指导相伴随。缺乏了教师的有效指导,学生的自主就会变得盲目和无序。

十几年来,有关综合实践活动教师指导意义和策略的研究得到了广大课程实施者和研究者的关注。在中国知网上,以"综合实践活动""指导"两个关键词在篇名中检索,能找到几百条结果,在这些研究成果中既有宏

观的课程理念的研究，也有微观的结合不同活动方式和不同活动阶段展开的指导策略的探索。我国学者郭元祥认为综合实践活动课程实施的有效性，在一定程度上取决于教师指导的有效性。教师对学生实践学习的指导意味着要激发动机，培养兴趣；引导方法，建立规范；跟踪过程，把握价值；帮助进程，倾听体悟。教师指导的有效性反映在指导的适时性、适度性和适当性等方面。教师有效指导应设计指导方案，突出实践学习方式的程序性方法与策略性方法的指导。[1]我国学者李芒认为综合实践活动可以通过以下形式来指导：认知师徒制的教学方法，即学生之间互帮互学的方法；示范的方法，即通过观察示范学习解决问题的方法；支架式的方法，即通过教师与学生的协作解决问题的方法；反省的方法，即把自己与专家进行比较，建立认知模式的方法；调动学习经验的方法，即通过学生的体验进行学习，并将体验抽象化的方法；交互式教学的方法，即首先由教师提供示范指导，逐渐从指导变为帮助与促进，然后学生自己调整学习过程的方法。[2]

诸多研究成果进一步明确了综合实践活动实施过程中教师的指导是必要的，是贯穿活动始终的，是有多种方法和策略的。

二、综合实践活动课程教师指导的内容

教师对指导内容的准确把握是有效指导的前提，《指导纲要》将学生的实践活动分为准备、实施、总结三个阶段，规定了考察探究、社会服务、设计制作和职业体验等活动方式，以及每一种活动方式的关键要素。为了

---

[1] 郭元祥.综合实践活动呼唤教师的有效指导[J].教育科学研究，2006（8）：27-29.
[2] 李芒.论综合实践活动课程与教师的教学能力[J].教育研究，2002（3）：63-67.

便于理解，我们可以把这四种活动方式的关键要素按活动的不同阶段梳理出来（如下表）。

表 3-2：四种不同活动阶段的关键要素

活动阶段	关键要素			
	考察探究	社会服务	设计制作	职业体验
准备阶段	发现并提出问题；提出假设，选择方法，研制工具	明确服务对象与需要；制订服务活动计划	创意设计；选择活动材料和工具	选择或设计职业情境
实施阶段	获取证据；提出解释或观念	开展服务行动	动手制作	实际岗位演练
总结阶段	交流、评价探究成果；反思和改进	反思服务经历，分享活动经验	交流展示物品或作品，反思与改进	总结、反思和交流经历过程；概括提炼经验，行动应用

作为指导者，教师要了解每一阶段不同活动方式的指导要点，将指导贯穿于每一个活动阶段，渗透到每一种活动方式的关键要素中，通过激励、启迪、点拨、引导，使学生经历富有教育意义的活动过程。

（一）活动准备阶段的教师指导行为

活动准备阶段是活动的起始阶段。教师要为学生提供活动主题选择以及提出问题的机会，引导学生构思选题，参与活动方案的制订。

1. 指导学生提出问题

提出一个好问题，不是一件容易的事情，好问题的提出建立在对情境充分理解的基础之上。教师要充分结合学生经验，为学生提供问题情境，引导学生提出感兴趣的问题。问题情境的创设旨在引导学生开展发现自己课题的直接体验和增长预备知识和信息的简单活动，例如：拓印并观察指纹或进行指纹破案的游戏，从而引导学生形成与探究指纹奥秘相关的课题；查看校园课间存在的问题，从而引导学生形成有关课间安全的课题；通过互联网检索初步了解要参观展馆的相关信息并解答初始的疑问，从而引导学生提出更深入的有待参观过程中解决的问题等。只有通过这种丰富的体验与简单的探索活动，才可能使学生形成自己的有价值的课题。

在这一过程中，教师要及时捕捉活动中学生动态生成的问题，既要指导学生如何提出问题，又要指导学生如何记录问题与交流问题，如何整理与归纳问题，如何表述与论证问题，如何转化与确立主题。因为学生接触某种课题的初始兴趣，未必都会成为有研究价值的课题。学生心头萌生的探究欲望，倘若不通过扎实的计划和展望，则在深入学习之前就已经烟消云散。[1]这一对初始问题的计划和展望的过程也是对问题价值和可操作性的判断过程，是培养学生的问题意识和提出问题能力的关键。

对于制作类、服务类和体验类的活动，教师也不要忽略提出问题这一环节。无论是哪种活动方式，只有带着问题去实践，在实践中尝试解决问题，才会有更大的收获。

2. 指导学生选用适当的组织方式

《指导纲要》指出："综合实践活动以小组合作方式为主，也可以个人单独进行。小组合作范围可以从班级内部，逐步走向跨班级、跨年级、跨学校和跨区域等。"教师要根据活动内容、学生特点和学生实际进行灵活指导，帮助学生判断哪种组织形式适合开展该项活动，并帮助学生建立相应的组织。组织的建立要充分考虑不同学生的兴趣、特长和活动需要。此外，教师还要引导学生分析是否需要或什么阶段需要家长、老师或专家

---

[1] 钟启泉，安桂清. 研究性学习理论基础[M]. 上海：上海教育出版社，2003：168.

的介入。

3. 指导学生形成活动方案

引导学生归纳管理对问题的计划和展望过程中想到的研究方法和思路，形成具体的、相对严谨的活动方案，并将活动方案进行组内及组间讨论，吸纳合理化建议，不断优化完善方案。活动方案一般包含活动目的、内容、方法、小组中角色分工、活动的日程安排以及需要的物品等。讨论可以从以下几方面进行：目标是否可行，内容是否清晰，计划是否成熟，人、财、物的安排是否恰当等。通过合理的时间安排、明确的责任分工、具体可控的实施方法和路径选择、活动可利用资源的整合及活动的可行性的科学评估等，可以极大地增强活动的计划性，提高学生的规划能力。

在活动方案形成的过程中，教师要根据不同的活动方式，对活动的关键点进行重点指导。考察探究类活动，要引导学生根据问题提出假设来确定研究方法和思路；设计制作类活动，要引导学生结合重点的实际需要形成设计方案；服务类活动，要引导学生首先考察和评估服务对象及其需求，在此基础上确定最合适的服务主题、方式、内容及流程等；体验类活动，要引导学生根据体验项目规划好体验的流程。

4. 指导学生做好活动的准备

教师要指导学生依据活动方案规划的内容做好活动的准备工作，主要包括知识的准备（活动的基本要求、基本社会规范和法律常识等）、方法的准备（基本规范、操作要领等）、工具的研制（调查问卷等）、资源的准备（自己的学习经验或其他经验、参考资料、活动场所、材料或工具等）。

（二）活动实施阶段的教师指导行为

活动实施阶段是活动实际展开的阶段，教师要指导学生根据活动方案开展相关的活动。《指导纲要》指出："教师要创设真实的情境，为学生提供亲身经历与现场体验的机会，让学生经历多样化的活动方式，促进学生积极参与活动过程，在现场考察、设计制作、实验探究、社会服务等活动中发现和解决问题，体验和感受学习与生活之间的联系。"

1. 指导学生科学选用活动方法

学生的有效实践离不开对活动方法的认知，方法的掌握直接影响着实践活动的效率和水平。活动方法主要包括程序性方法与策略性方法，如文献信息的收集与整理、调查与访问、观察与实验、设计与制作、服务和体验等。对学生涉及的活动方式与方法给予指导，能有效避免活动的形式化和表面化，促进学生开展有实效、有深度的实践活动，培养学生解决问题的能力。教师在指导活动方法时既要遵循方法的规范性、专业性的要求，又不必过于严格化、专业化。

2. 指导学生合理安排活动进程

综合实践活动具有生成性的特点，强大的生成性也是综合实践活动的魅力和价值所在。尽管之前学生已经制订了活动计划，但在整个实施过程中并非是完全按照预先的计划进行的，教师要随着活动的发展帮助学生不断作出调整和改进，找到适合每个学生的学习内容和实践方式，使整个活动充满生机。教师要有敏锐的洞察力，在学生遇到困难导致活动无法进行时，要给予适当的引导；要善于捕捉和灵活处理学生与实际情境相互作用生成的新问题；当学生需要处理各种社会情境中的人际关系时，也需要给予示范。

3. 指导学生正确开展小组活动

小组活动是课程实施的主要组织方式，教师要引导学生根据兴趣、能力、特长、活动需要，明确分工，做到人尽其责，合理高效。教师要促进小组成员间有效互助；促进小组成员能够理解任务，遵守合作规则；促进小组成员间交换使用资源与信息；促进小组成员回馈他人，也接受他人的回馈；促进小组成员信赖他人，也能受人信赖；促进小组成员有效地处理信息；促进小组成员挑战彼此的推理与结论，以提升对问题的洞察力；促进小组成员相互鼓励达成共同目标。

4. 指导学生进行自我管理

指导学生做好过程的记录和活动资料的保存和整理，客观记录参与活动的具体情况，及时填写活动记录单，并收集相关事实材料，形成活动档案袋；指导学生在活动中能够洞察、评价和反思自己的活动，及时发现不足，从而调整改进活动。活动记录、事实材料要真实、有据可查，为活动之后的自我评价、同伴互评、教师评价提供必要基础。

（三）活动总结阶段的教师指导行为

活动总结阶段是总结和评价活动成果阶段。教师要引导学生对活动过程和活动结果进行系统梳理和总结，通过自我反思以及与同伴交流，完成活动评价。

1. 指导活动资料的梳理

指导学生对活动过程和活动成果进行系统梳理和总结。成果的编制要遵循若干逻辑，考虑听众的特点，鼓励多种形式的呈现，如研究报告、模型制作、绘画、摄影、戏剧与表演等。学生对成果的编制过程，实际上就是对资料的进一步消化理解、内化为个人知识、形成个人观点的过程。《指导纲要》指出，要指导学生学会通过撰写活动报告、反思日志、心得笔记等方式，反思成败得失，提升个体经验，促进知识建构。

2. 指导成果的展示交流

成果的展示交流是学生活动过程和成果的真实呈现，是学生内心对活动的一种真实反映和真实情感的自然流露，是实践活动的重要环节。交流的形式可以是小组汇报、师生讨论会、主题演讲、辩论赛、答辩等，可以邀请参与活动的社区负责人、指导教师、家长等共同参加。展示时既要呈现成果，更要呈现过程和方法，可以指导学生按照如下环节进行介绍：活动内容、活动背景、活动目的、小组分工、活动方法、活动过程、活动成果、困难的解决、感悟和收获等。同时，还要指导学生掌握一定的展示技巧，思考有效表达的内容构成和方法，对结果有解释、有分析、有思考。关注学生的表达和倾听，鼓励学生敢于质疑和提问，在交流互动中"产生思维的碰撞"，根据同伴及教师提出的反馈意见和建议查漏补缺，明确进一步的探究方向，深化主题的探究和体验，以促进更好的发展。

3. 指导学生的反思评价

活动结束后，教师要以更好地促进学生发展为目的，指导学生对照外部评价标准，依据活动过程中的表现和档案袋，正确、客观地完成对自己和他人的评价，同时通过其他同伴和教师的评价使自我评价更为客观、更符合实际；指导学生在自评和他评时不能过于强调结果，更应关注活动过程，即参与活动的态度、团队合作意识、问题解决能力等；指导学生思考如何使自己的学习成果在实际生活中发挥作用或迁移到更广阔的学习领域。

三、综合实践活动课程教师指导的原则

综合实践活动课程不仅是课程性质和内容的变化，更是课程观的变化。教师准确理解和把握课程基本理念，可以避免在指导过程中的盲目性和随意性，避免操作偏差。

（一）关注学生的综合素质

新的课程观和教学观与教师旧有的教学实践迥然相异的体验给教师带来了实践的难题。教师只有清楚综合实践活动课程与其他课程的本质区别，用正确的核心理念去引导自己的指导行为，才会使课程价值最大化。

本质是关于事物的质的规定性，是决定此事物区别于其他事物的根本。综合实践活动不同于学科课程的本质是什么？综合实践活动课程强调学生的跨学科素养的培养，从而提升其综合素质。这种综合素质是选择、运用和调控各种能力的基础，是适应应变性与创新性的多种能力的组合，这多种能力的组合最终将体现在综合性的问题解决能力之中，是人的生存发展能力。这里的综合素质是在综合性的问题解决过程中形成的，因此，教师的指导行为不能将实践活动本身与实践活动结果作为最终的目标，要关注热热闹闹的实践活动背后学生的问题解决能力，以及学生通过实践活动所进行的自我发现和自我塑造，从而促进学生综合素质的发展。

1. 关注实践活动背后的学习方法

我们知道，在当今的信息社会，学生可以从各种媒体获取知识，正如2015年11月联合国教科文组织发布的报告《反思教育：向"全球共同利益"的理念转变？》中所说：人的一生除了在学校正规学习外，更多地是非正式学习。在互联网时代，学生可以时时学，处处学。所以教师不能只传授知识，应该成为学生成长的引路人。[1]在综合实践活动课程中，学生的"学"是学生的主动活动。一方面，学生的学习需要调动已有的学习经验作为生长点；另一方面，学生学习的发生也需要发挥主观能动性。但学生的发展具有未完成性，需要教师及时指导，因此，学生的"学"是教师指导活动的最终落脚点。

如：在小学阶段自我服务主题"包书皮"活动中，学会包书皮是课程的目标之一，但不能仅仅把学会包书皮这一技能作为活动的唯一目标。技能的学习固然重要，但是学生需要掌握的技能有很多，仅仅利用学生的在校时间我们不可能让学生体验到、学习到所有的技能。因此，教技能不是

---

[1] 顾明远. 教师应该是学生成长的引路人[J]. 中国教师，2017（1）：22-24.

最终目的，更重要的是教会学生学习技能的方法，这应该成为包书皮这一实践活动应重点关注的内容。在这一思想的引领下，我们应该怎样设计这样的活动？以下范例呈现了教师指导的片段和要点，供大家思考。

师：活动前同学们按照活动计划在网上收集了有关包书皮方法的相关范例（板书：收集范例），课前老师了解到每组收集到的范例都不一样。老师选择了几个有代表性的小组，请他们跟我们分享一下，他们收集的范例有什么特点，是在哪儿收集到的。

师：看来，网上的资料确实很丰富，又各具特色。这几种不同的范例呈现在我们面前，你们认为哪个范例更适合我们学习呢？为什么？（板书：比较范例）

师：老师也觉得这种范例好（以照片的形式呈现步骤图，并配有文字说明），我们就借助这个范例来学习包书皮，好吗？为了方便大家的自主学习，老师把这份资料印出来了，发给大家每人一份。

师：资料已经在我们手里了，现在能不能马上就操作呢？每个步骤你都理解吗？应该如何理解呢？（学生思考并回答）我们可以先通过反复"读"来理解范例，也可以尝试用自己的语言把制作步骤提炼或概括出来。（板书：理解范例）

（学生理解了范例之后，尝试包书皮；交流展示实践成果，教师引导学生交流遇到的困难和解决的方法。）

师：书皮没有包成功的同学，可以利用课余时间再次实践，并用你学会的方法给自己或家人的书包上书皮。相信通过反复的实践，你的书皮包得不但会越来越好，而且会更加有创意。（板书：反复实践，形成经验）

在上边的活动案例中，我们看到，包书皮是本次活动的明线，学习方法的指导是活动的暗线，教师的板书实际上就呈现了"跟范例学"的思路和方法，即：查找范例—对比筛选—理解范例—反复实践—形成经验，这是帮助学生将感性认识提升为简单方法论的过程。在这一方法的指导下，学生能自主地、独立地学会更多自己想学的技能，凸显了课程培养学生实践能力的本质和价值。

2. 关注实践活动背后的人格发展

关注课程的本质，还要关注学生的人格发展，引导学生通过活动进行自我发现与自我塑造。不要把活动理解为单纯的认知行为和封闭的个人行为，要把活动作为一种渗透着学生的情感、态度和价值观的生活，使之成为"手—心—脑、实践—感知—思考以及身体—心理—灵魂"等共同参与的"整体学习"，关注学生的身体、心理、情感和精神等的全面发展，融合、统一学生的知识探索与精神建构，这是弥合个体智力与人格发展间的断裂的必由之路。[1]

比如：在"跨越浑河——工程设计与建造的探究"主题活动中，家乡的飞速变化带来了城市基础设施"桥"的变化，为了连接旧城与新区，家乡的母亲河上先后架起了十几座桥梁，在建的有七座，未来还需要架起多座桥梁，这些变化引起了学生们的极大兴趣，大家也纷纷产生了要建桥的想法，希望自己的某个设计、某个想法也能成为未来桥梁的一个元素。学生在经历考察、探究、设计、制作模型等一系列的活动之后，正值我国新建的港珠澳大桥正式通车，教师及时引导学生关注这一令国人振奋的消息，这使正沉浸在桥梁探究中的学生们激动不已。在展示交流的时候，学生们激动地说："祖国真的强大了！希望我的家乡也有一座这样的桥。我们有一个愿望，过去我们在河上建桥，现在我们在海上建桥，将来我们要在洋上建桥。小小的我们，带着这样的理想继续我们的探究之旅。"在这里，无须教师说教，学生真实的、深入的并且贴近实际生活的探究与体验和教

---

[1] 钟启泉，安桂清. 研究性学习理论基础[M]. 上海：上海教育出版社，2003：105.

师恰当的引导，使学生对家乡的爱、对祖国的爱、对自我的鞭策在活动过程中自然生成，并以深刻的方式改变着学生超越智力之外的东西。

（二）突出学生的主体地位

我们知道，综合实践活动课程的出发点和落脚点是学生的需要和发展。以学生为中心，是本课程与学科课程的最大区别，这对于已经习惯了传统学科教学方式的教师来说是最大的挑战。

巴西著名教育家保罗·弗莱雷归纳了传统的"灌输式教育"中师生对立的十种表现：（1）教师教，学生被教；（2）教师无所不知，学生一无所知；（3）教师思考，学生被考虑；（4）教师讲，学生听——温顺地听；（5）教师制定纪律，学生遵守纪律；（6）教师作出选择并将选择强加于学生，学生"唯命是从"；（7）教师作出行动，学生则幻想通过教师的行动而行动；（8）教师选择学习内容，学生（没人征求其意见）适应学习内容；（9）教师把自己作为学生自由的对立面而建立起来的专业权威与知识权威混为一谈；（10）教师是学习过程的主体，而学生纯粹是客体。[1]这十种表现是忽视学生主体地位的表现，也正是综合实践活动课程实施中教师应该避免的。

1. 把握流程

综合实践活动课程强调学生的自主学习，活动实施的流程应该以学生为主体来设计。与学科课程不同的是，这里的自主学习是建立在实践基础之上的自主学习，是在"行"中的自主学习——在探究中学、在服务中学、在制作中学、在体验中学。无论哪种实践方式，实施的流程都需要：行前知，行前思；行中研，行中导；行后悟，行后评。

---

[1]［巴西］保罗·弗莱雷.被压迫者的教育学[M].顾建新等译.上海：华东师范大学出版社，2001：25.

行前知：活动前要让学生了解活动的目的、意义和评价要点。

行前思：活动前要引导学生思考完成本次活动的流程和需要作的准备。（知识上、方法上、资源上）

行中研：活动中引导学生进行自主研究或合作研究。

行中导：活动中教师要了解学生的活动情况，给予必要的指导。

行后悟：活动后要引导学生进行总结和交流、反思和感悟。

行后评：活动后要结合评价要点组织学生自评、互评，完成师评。

"六行"把学生的活动划分为"行前""行中""行后"三个阶段，在突出学生主体地位的同时强调了极易被教师忽略的"行前"培养学生规划设计的意识和能力，"行后"培养学生反思习惯和能力的重要性，有效避免了实践活动的盲目性和表面化。[1]

2. 勇于生成

在综合实践活动实施过程中，教师最难适应的是课程的生成性所带来的不安全感。为了活动的顺利开展，教师愿意花时间去预设活动的每一个流程，实施过程中一旦出现偏离预设的状况，便会出现恐慌，会想方设法把学生引导到事先预设好的轨迹上去，表现出极强的主控意识。

如：在带领学生自制吸尘器的活动中，学生初步制作出吸尘器之后，教师问："把吸尘器制作得结实耐用，我们应该怎么做呢？"学生改进后，教师又问："如何让吸尘器的吸力更大呢？"学生根据老师的问题又开始了新一轮的探究。在这里，整个过程中学生都是按照教师预设的活动或问题，配合教师的活动，教师认为只要是让学生活动了，活动的时间充足了，就是以学生为中心了，殊不知在这种"我讲你听""我设计你活动"的唯命是从的活动中，学生就像一个木偶被教师操纵着。教师这种对权威的把

---

[1] 张丽华. 综合实践活动课程区域教研工作视角［J］. 基础教育论坛，2014（7）：27–29.

控，对学生活动中随机生成的经验、观念、价值的漠视，只能导致学生独立思考能力的丧失和创造性的逐渐泯灭，这是综合实践活动课程的最大失败。

综合实践活动所强调的"以学生为中心"，表现为学生是具有批判意识的创作者，这是个体获得解放的前提和保证。这里的"解放"不仅仅是学生身体的解放，更是学生思想和思维的解放；这里的"解放"是一种自由且负责任、自主而不放任的状态，这里的"解放"是完全摆脱"灌输式教育"的表现。[1]在课程实施过程中，教师要有勇气和学生们一起探索未知领域，具有在不知道答案的情况下指导学生的能力，甚至要有意识地表现自己的"无知"，以便充分发挥学生的自主性，让学生主动承担起学习的责任，这才是课程所需要的教师最佳的指导状态。

（三）尊重学生的年龄特点

学生的身心发展是有规律的，这些规律使学生在一定年龄阶段身心两方面发展呈现出稳定的、典型的本质特征：顺序性、阶段性、差异性、整体性和不平衡性。教师在指导学生活动时，要尊重规律也要运用规律。这主要体现在教师指导方式的选用、指导的程度和指导介入的时机上，要依次做到合适、适度和适时。指导方式要合适，根据不同年龄阶段学生的身心发展特点和知识水平选择合适的方式，如专题讲座、过程清单、示范样例等；指导程度要适度，既不能放任自流，也不能包办代替，要留给学生自主思考、自主实践的空间；指导时机要适时，教师要根据不同的活动目的和学生的需求选取有效的指导时机，可以是先做后导、边做边导或先导后做。

在活动实施之前，教师要根据学生的年龄特点、能力水平预先设想学

---

[1] 钟启泉，安桂清. 研究性学习理论基础［M］. 上海：上海教育出版社，2003：37.

生的活动过程，思考哪些问题对学生来说可能是难题，哪些问题是学生能够独自解决的，哪些问题是学生需要帮助才能解决的，并作好相应的指导准备。在实施的过程中，教师要对学生的学习过程进行持续性的评估，以便随时调整指导策略。

教师作出指导方式的选择、指导时机和程度的判断通常是基于标准的，地方、学校或教师要依据学生的年龄特点和课程目标构建这一标准体系，这些标准应该是具体化、表现化、可测化的。江苏省教育厅于 2014 年 5 月颁布了《江苏省义务教育综合实践活动课程纲要（试行）》，在"课程目标"部分单独列出了"方法目标"，共 3 项，代号为 F，分别是 F1 问卷调查法、F2 访谈法、F3 实验法，并对每项目标按学段作了较为明确具体的描述；武汉市武昌区和沈阳市沈河区等地，也尝试进行了目标序列的区域建构，这些表现性的标准不但是教师对指导过程价值判断和决策的依据，而且是落实课程目标的有效途径。

比如，通过观察和检测其一系列的外在行为，具有"问题意识"的学生至少要达到以下标准：思维积极，能够主动地提出问题和解决问题；有随时记录问题的习惯；善于追问和反问。如果学生有能力达到此目标，教师的指导就要减少或停止；反之，就要给予恰当的指导。教师还应该明确，所提供的指导如果存在与课程无关、无效、过多或不足的情况，都会阻碍学生的学习过程。

四、几种典型的指导策略

由于综合实践活动课程是一门实践性的课程，因而教师在学科课程中常用的教学策略在进行实践性活动指导时会显露出不足。综合实践活动教师在遵循以上三个原则进行指导的前提下，可以用哪些策略帮助学生有效地实施主题呢？

（一）情意性策略

建构主义认为，学生的学习是从已有的经验出发，建构新经验的过程，而这个过程是需要发生在具体的情境中，因此建构主义倡导情境教学模式。在这种模式中，情意性策略能促使学生产生更为强烈的活动愿望，引发更深刻的体验。情意性策略对教师来说并不陌生，很多教师在引导学生实践的过程中也煞费苦心地激发和调动学生的活动兴趣，但往往会出现这样的现象——学生参与活动的兴趣只能维持开始的一段时间。兴趣的终止可能源于实践过程的困难和阻力，也可能是源于"趣"是外在的赋予，而不是内在的驱动。

美国统计学会曾对其会员做过一次调查，以选出对该领域作出最大贡献的四位当代统计学家。当选的四位统计学家在该协会周年庆祝会上发表了讲话，他们当中谁也没有学过任何一门统计学课程，都是想解决一个需要使用统计方法才能解决的问题才开始接触统计学。而当时，他们需要的方法还不存在，于是他们创立了新的方法。[1]这四位统计学家的成功就是源于自身的内在动力，它能驱使一个人想方设法地完成任务，达成目标。

综合实践活动作为学生可以自己确定活动内容的课程，教师只要真正尊重学生这一自主权利，学生都会选择自己感兴趣的活动内容。在这一过程中，教师应该明确比"兴趣"更有驱动价值的是"意义"，因为解决问题的现实绩效可以让学生体验真实的成功，感受到自身存在的价值。这似乎是人的天性——都愿意去完成有意义、有价值的事情，来获得自我的成就感。正如加德纳说，"大多数创造性的工作，都发生在个体从事有意义

---

[1]［美］拉塞尔·L.阿克夫等．翻转式学习［M］．杨彩霞译．北京：中国人民大学出版社，2015：28．

且相当复杂的专题研究的情况下"[1]。因此，一个主题是否有意义，是否具有综合性和挑战性就显得尤为重要。教师在带领学生确定主题时，要在与学生的年龄、生理、心理特征和生活经验相适应，与自身的专业能力和组织能力相适应，与现有资源相适应的前提下，确立真实的实践、有意义的实践、有挑战的实践，[2]这是促使学生产生并维持内在动力，提升学生解决问题能力的基础环境和必要环境。

1. 设计真实的实践活动

有意义的学习应该发生在真实的学习任务中。真实的实践是发生在真实生活中的实践，而不是教师设置的虚拟情境下的实践。教师要引导学生发现蕴藏在生活中真实的问题，并从这些真实的问题出发，去设计综合实践活动课程，让课程成为解决学生生活实际问题的媒介。如：在研究"使用塑料袋的利弊"主题活动之后，应该让学生真正走向社区向市民发出限塑的倡议，而不是将写完后的倡议书放在档案袋里，只作为研究成果的文本呈现；研究课间十分钟，应该以同学们课间存在的真实问题为出发点，提出问题，找到解决办法并最终加以运用和改善，而不是把学生千辛万苦找到的解决办法束之高阁。教师要引导学生将活动成果运用到实际问题的解决中去，让学生感受到自身的价值及课程开展的实际价值。

2. 设计有价值的实践活动

有价值的实践活动与自我、生活、社会联系紧密，并对不良现象加以改善，能解决实际问题。在操作类的实践活动中，很多教师往往是准备好材料就开始制作，学生虽然做得热闹，但是对于做的目的是什么却很茫然。这样的实践只是为了做而做，学生只是锻炼了动手能力而已。教师应该通

---

[1] [美]霍华德·加德纳. 多元智能[M]. 沈致隆译. 北京：新华出版社，1999：233.
[2] 张丽华. 有效落实综合实践活动课程本质之我见[J]. 综合实践活动研究，2018（6）：21–22.

过架构主题与生活的联系，增强主题的价值，即：为什么做？给谁做？放在哪里？实现哪些功能？如在开展"制作台历"主题活动时，教师应该先引导学生进行一番调查后再制作。学生在调查后发现，老师的办公桌上没有台历，因此想做个台历，送给老师，并在台历上增加教师保健常识的介绍；有的学生想为自己做一个卡式日历，放在书桌上，并增加记事功能，记录每天应完成的事宜……这一调查过程增强了活动的目的和意义，使单纯的"做"变为了有目的、有意义的活动。

3. 设计有挑战性的实践活动

在以研究性学习为主线的主题活动中，有些教师经常引导学生提出"是什么"类型的问题，这样的问题往往通过简单的资料查询就能获取全面的答案。学生所获得的知识从内容到形式，都是间接经验，是远离学生的生活与心灵的。学生的知识面虽然得到了拓展，解决问题的能力却没得到提高。因此，教师应该着眼于学生的"最近发展区"，设计有挑战性的实践活动，可以引导学生提出没有标准答案、切入点小而新的问题，"应该怎样""我认为怎样"的问题，如：指纹与命运有关系吗？"一斗穷，二斗富"的说法正确吗？怎样安排体育运动有利于长高呢？冬季天气的变化与人们作息关系的研究，等等。这样的问题将探究、体验、想象与创造融为一体，由于没有标准答案，更有挑战性，更易于学生采取多样的研究方法，挖掘自己的智慧，展现自己的认识，表达自己的创意与遐想，形成个性化的结论和观点。

同时，情意性策略的实施还需要教师配合多种教学手段和方式维持学生的活动兴趣。新知识观指出，探究兴趣、探究热情等个体情感因素是内在于知识的理解和发现的，其本身具有知识价值，而不仅仅是获得知识的手段或媒介。缺乏探究兴趣和探究热情的知识获得过程无法使学生获得真正的知识，真正的知识必须蕴含个体的求知态度。只有融入了热情的探究，知识才能真正融入心灵,汇入个体的经验之中,进而对学生的人生、成长产生意义。[1]

(二)提供支架策略

"支架"俗称脚手架,支架式教学理论强调通过教师为学生搭建支架,引导学生自主建构所学知识。支架所具有的辅助支撑作用,为学生提供基于其最近发展区的辅助支撑,能够引导学生自主学习,并在支架的搭建与撤除中将学习管理任务逐渐移交于学生,使学生能够更加自主、自由地对学习进行自我调节,实现了教师引导与学生自主之间的良性互动。[2]这种教学方式非常适用于对学生自主学习要求颇高的综合实践活动课程,它可以有选择性地帮助学生完成那些没有帮助就不能完成的任务,进而提高学生解决问题的能力。

从表现形式看,支架可分为:语言(如引导式问题、建议)、动作(身体示范或指点)、物品(如图片、表格、符号、书籍);从具体的行为看,支架可分为:反馈、提示、指导、解释、示范、提问;从支架依附的手段看,可分为传统支架和以现代科技为基础的支架;从支架的主客体来看,可分为家长—孩子间的互动和教师—学生间的互动。[3]综合以上类别,结合综合实践活动课程特点,我们可以借助过程清单或示范样例等形式,通过提供概念、程序、策略和元认知等支架引导学生的实践活动。

1.过程清单

过程清单是一种对完成事情的程序和规则的提示。当学生经验不足时,教师通过提供详细的解决问题的程序阶段、引导性问题、经验规则或阻止

---

[1] 钟启泉,安桂清.研究性学习理论基础[M].上海:上海教育出版社,2003:53.
[2] 张锦枫.支架式教学理论在高中古诗文教学中的应用研究[D].陕西师范大学,2016.
[3] 刘艳,江琴娣.支架教学在学习障碍领域中的应用[J].现代特殊教育,2017(2):33-38.

无益于问题解决行为的提示等方式指导学生的活动,待学生有了一定的经验,再逐渐降低清单的提示程度。

如:"校园爱心义卖"主题活动,对学生来说是其他学科课程接触不到的活动,学生生活中也很少会有相关的体验和经历,整个活动的进行涉及的程序和要素也很复杂。因此,教师可以通过提供"过程清单"来降低和分解活动,使活动由复杂变得简单清晰。

表 3-3:综合实践活动中的过程清单

问题解决过程阶段	经验规则/引导性问题
1. 选择捐赠单位	社会上有哪些可以捐赠的机构?捐赠的过程应该是怎样的?请老师帮忙,与捐赠机构取得联系
2. 义卖活动策划	与学校商定义卖的时间、地点、参加的班级;制定活动的要求;制定活动的奖励方案;制定活动策划书
3. 准备义卖商品	思考哪些商品同学们会喜欢,哪些商品适合在学校卖
4. 义卖活动宣传	从网络、报纸、广告中学习活动宣传的方法;制定本次义卖活动的宣传海报、标语,并宣传
5. 义卖销售活动	义卖场地布置(方便买卖活动的开展,可摆成"凹"字形或平行两排摆放等);确定售卖商品以及标签的摆放(商品标签上写哪些内容,如何摆放以吸引顾客);商品的宣传、销售、记账同时进行
6. 义卖活动总结	反思义卖成果,实施捐赠,活动评价

2. 示范样例

示范样例可以提供给学生力度最大的指导,这是因为样例可以使学生直观地看到他人是如何正确完成任务的,并通过咨询或观察,识别其中的道理、原理、程序和方法等。样例可以是现场操作、视频资料也可以是文本资料，样例可以来源于专家，也可以来源于有经验的同龄伙伴。教师在使用示范样例时，呈现一个合适的角色示范是至关重要的，应努力做到示范样例本身是可信可懂的。

观察现场操作：指导学生观察的时候要注意细节，既要观察整体又要注意各部分的连接。在观察的同时可以通过提出问题或要求操作者重复操作等方式解决疑惑，并将重点的地方记录下来。

观看视频或图解资料：指导学生在搜集视频或图解资料的时候，既要横向对比，又要纵向分析。对比同一作品不同范例资料的区别，分析哪个更利于理解。在剖析一个视频的时候，要懂得暂停与反复观看，从而提炼出适合自己的方法步骤。

不同的支架可以结合起来使用，也要结合学生的能力基础灵活使用。提供支架不是简单地告知和讲解，而要引导学生通过自我的探究生成技能。如，在学生开展课间现状调查的过程中，需要设计调查问卷，教师可以通过向学生提供调查问卷的示范样例，引导学生探究什么是问卷及如何设计问卷；小学中年级初次接触问卷，可以提供与学生正在从事的主题活动相一致，且带有设计要点解释说明的范例，引导学生模仿使用；对于分析能力比较强的学生，教师可以撤除"解释说明"，或换成与主题不一致的问卷范例，引导学生通过探究找到问卷的设计方法；对于初中学生，针对问卷中选择题备选答案的设计这一难点，可以提供多种范例，引导学生类比分析，从而总结出备选答案设计如何做到全面、无雷同和无交叉的技巧。

教师需要把控好整个活动过程中支架的使用，准确把握应该提供什么样的支架，怎样提供支架，什么情况下减少并撤除支架等，这些都需要建立在教师对学生足够了解的前提下。如果学生在无支持的情况下完成的学习任务能够符合所有相关学业表现的要求，则需要的支持力度不大；不能够完全符合或不符合学业表现的要求，教师则应多提供给他们一些支持，循序渐进，慢慢放手。

（三）自我管理策略

在综合实践活动实施中，教师由于精力有限，不可能深入到每一个富有个性的学习历程之中进行指导。从这一层面来说，课程实施的有效性更依赖于学生的自我管理。学生自我对活动的管理，可以提高他们参与活动的内在动机和自信心，发展自身对活动负责任的态度，变被动活动为主动活动，从而真正成为学习的主人。学生的自我管理能力是综合实践活动能否顺利实施的关键所在，也是学生自导学习和终身学习所要具备的关键能力。

自我管理能力取决于学生的思考力，这一能力的增长是一个学习过程、尝试过程、锻炼过程和成长过程，教师应在活动的不同阶段给予积极的提示和支援。学生的自我管理应该贯穿整个活动过程的始终，包括自我对活动的定向、规划、监控、调整、反思和评价（见下图[1]），通过自我管理明确自己究竟对什么有兴趣，活动应该怎么开展，自己是否有条不紊，自己是否全力以赴，自己是否完成计划等问题。

---

[1] ［荷兰］杰罗姆·范梅里恩伯尔等．综合学习设计［M］．盛群力等译．福州：福建教育出版社，2012：102.

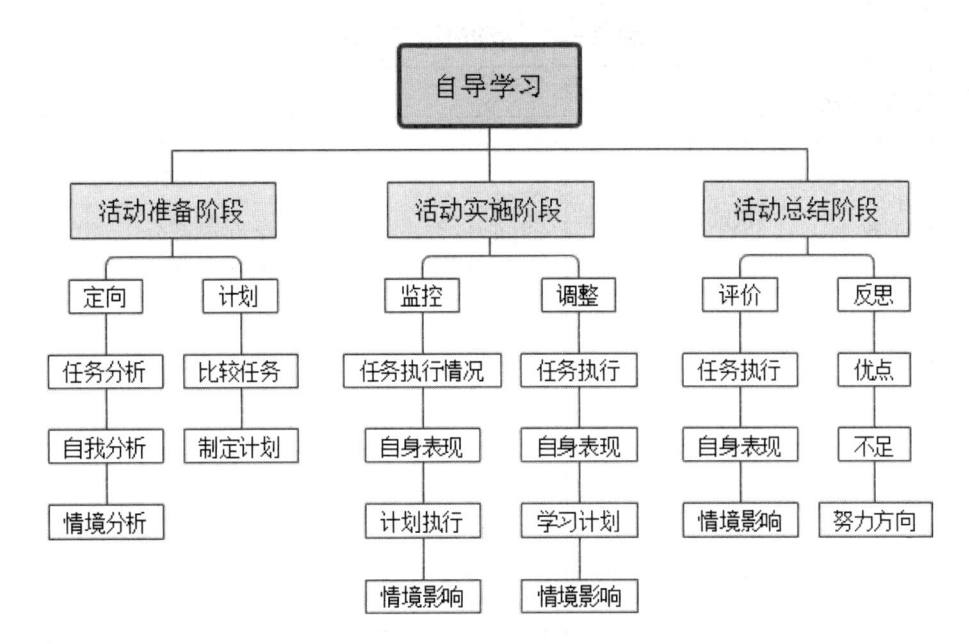

```
                    ┌──────────┐
                    │ 自导学习 │
                    └────┬─────┘
         ┌───────────────┼───────────────┐
   ┌──────────┐    ┌──────────┐    ┌──────────┐
   │活动准备阶段│    │活动实施阶段│    │活动总结阶段│
   └──────────┘    └──────────┘    └──────────┘
      ┌──┴──┐        ┌──┴──┐        ┌──┴──┐
    定向  计划      监控  调整      评价  反思
     │    │         │    │         │    │
   任务  比较    任务执行 任务     任务   优点
   分析  任务    情况    执行     执行
     │    │         │    │         │    │
   自我  制定    自身    自身     自身   不足
   分析  计划    表现    表现     表现
     │              │    │         │    │
   情境           计划   学习     情境  努力
   分析           执行   计划     影响  方向
                  │    │
                情境   情境
                影响   影响
```

图：综合实践活动中的学生管理

教师可以利用学习计划单、活动记录单、活动日记、自我评价单等形式培养学生的自我管理能力。像下边呈现的《活动进程记录单》的设计就可以很好地促进学生的自我管理：学生在明确了活动主题和本小组的任务后，要对自己的任务有个梳理，对完成任务的时间、方式，是否需要支持、需要谁的支持要有个预期，对完成情况要有监督和记载；活动之后的自我、父母和教师的签字确认，是对自己活动过程进行监控和对自己的活动结果承担责任的行为，是一种主动寻求他人约束和监督的表现。这个表格有助于学生将活动的反思和管理贯穿始终，从而逐步形成自我反思意识和责任意识，提高自我规划与设计的能力。

表 3-4：活动进程记录单

活动主题：							
小组任务	我的任务	完成时间	完成方式	需要的支持	完成情况		
					全部完成	部分完成	没完成

学生签名：_____　　　父母签名：_____
教师签名：_____　　　日期：_____

这个《活动进程记录单》也是学生活动结束后，自我评价的重要依据。学生的自我评价是自我管理的重要环节，学生在学习过程中的自我评价的教育意义，可以归纳为以下五点：（1）能够将自己的学习状况作为对象加以把握。（2）能够对照外部评价标准，客观地把握自己的学习状况。（3）能够了解目标充分达成的部分，从而拥有自信。（4）能够了解学习不足的部分，从而拥有新的成就欲望。（5）能够拥有以更高的目标来思考改进自身学习方案的机会。[1]"当学生以自我批判和自我评价为主要依据，把他人评价放在次要地位时，独立性、创造性和自主性就会得到促进。"[2]

---

[1] 钟启泉，安桂清. 研究性学习理论基础[M]. 上海：上海教育出版社，2003：171.
[2] 施良方. 学习论——学习心理学的理论与原理[M]. 北京：人民教育出版社，1994：410.

第三节　综合实践活动课程与教师专业成长

课程与教师是密切相关的，教师的专业发展是课程有效实施的前提。综合实践活动课程以其注重知识的综合运用和强调学生的自主实践而区别于传统的学科课程，这对长期习惯于分科课程教学的教师来说，是个不小的挑战。"在综合实践活动中，教师应该给学生以适当的、积极的援助，这种援助并不比传统分科教学指导来得容易，而且要求教师应当具备适应这种教学方式的若干基本能力。"[1]

一、综合实践活动教师专业标准的思考

2011年12月，教育部公布的《小学教师专业标准（试行）》（征求意见稿）和《中学教师专业标准（试初）》（征求意见稿）中明确了中小学教师专业标准的基本理念，确立了教师的专业发展包括专业理念与师德、专业知识、专业能力三个维度十余项的基本内容。综合实践活动课程的综合性、实践性和生成性决定了教师的专业素养既要以这三个维度规定的基本内容为基础，又要具有自身的特殊要求。教师只有明确了这些特殊要求，

---

[1] 李芒. 论综合实践活动课程与教师的教学能力[J]. 教育研究, 2002（3）: 63-67.

并有目的地进行自我锤炼，才能有效地实施课程，从而实现自身的专业成长。笔者结合多年的教研和实践经验，对综合实践活动课程对教师专业素养的特殊要求作了如下思考：

（一）职业信念与师德

综合实践活动教师应树立正确的课程观、学生观和知识观，确立终身学习的观念和与时代同步的自我发展观。面对课程实施过程中的复杂性和不确定性，教师要有强烈的责任感和自信心，要理解课程存在的意义，认同课程在培养学生创新精神和实践能力等方面的独特价值，能够准确地设定、判断、选择和评价课程价值，引导学生感受生活和生命的精彩，进而去享受生活，创造生活。

（二）专业知识

综合实践活动教师要了解课程的核心知识，即正确认识课程理念、目标、实施方式等内容，这是形成正确课程观的基础；要具有较为丰富的知识系统，指导学生综合性学习过程中对多学科知识的综合与运用；要具有问题解决的程序性知识和方法策略知识，理解并掌握每一种科学方法的基本规范、操作要领和与之相对应的科学品质，对学生的实践过程进行正确有效的引导。

（三）专业能力

综合实践活动教师需要具备具有高度的包容性和整合性的专业能力，要具备课程开发的能力、问题发现与解决的能力、规划与管理的能力和交流与合作的能力等。

1. 课程开发的能力

综合实践活动教师的一个重要角色是课程的开发者，因此课程开发能力是教师的一项必备专业技能。课程开发能力，是指基于教师的创新意识、职业责任感和求变求新的心理特质，以教师自身所拥有的教学经验、工作经验和对社会的感知，重新对课程体系、课程结构与内容、课程评价与教学方法进行设计的一种能力。[1]

教师要在理解课程理念与指导纲要的基础上，具有观察、研究学生的能力，发掘潜在课程资源的能力，课程资源的评鉴与选择的能力，整合综合课程与分科课程、活动课程与学科课程的能力，将课程资源转化为课程的能力，将课程按学生年龄特点和规定的活动方式结构化、系统化的能力，将课程内容规范化表达的能力。

2. 发现与解决问题的能力

综合实践活动课程是以考察探究为主要活动方式的课程，设计制作、社会服务和职业体验等活动的开展往往也是以考察探究为基础和前提的。因此，课程的实施离不开问题的提出和解决，教师应该具备发现与解决问题的能力。

提出与分析问题的能力。好的主题来源于好的问题，教师只有自身具有提出与分析问题的能力，才能将学生代入适合的主题。教师要具有问题意识，具备从多种渠道发现并提出问题的能力；具备多角度判断问题价值的能力；具备能将问题进行合理归纳整理的能力；具备能明确问题的各个要素及与各要素相关的信息，并依据对问题的理解划分子任务、确定子目标的能力。

研究方法的运用能力。学生在实践过程中常用的研究方法有文献研究、调查研究和实验研究等。教师要具有对信息的识别、选择、处理以及传递的能力；具有对信息手段特征的理解及相关的操作能力；具有版权意识和合乎时代的信息伦理；具有对探究的方向和可能出现的结果进行合理推理、假设并验证的能力；具有灵活准确地运用调查、访问、实验与观察等方法

---

[1] 花明. 基于课改背景下教师课程开发能力的提升[J]. 职教论坛，2011（20）：81.

研究问题的能力；具有把研究成果梳理成条理清晰的报告的能力。

3. 规划与管理的能力

在综合实践活动课程中，每一个主题的开展都是有一定长远的实施周期的，教师对于学生活动的目的、计划、组织（分工）、调控、记录、展示、评价和反思等环节的组织、规划与管理，会直接影响学生的活动开展情况。

教师要具有建立有助于学生活动的规则和注意事项的能力；具有能够考虑到解决问题的多种方案，并对每种方案进行指导、评估和修正的能力；具有能够熟悉并调度各种资源（人、事、物）及支持系统，保障活动充足基本条件的能力；具有综合评估学生的知识和能力，通过合理的资源分配使学生将信息、知识、技能运用到解决问题过程中的能力；具有建立一个储存活动记录的系统，对学生活动过程进行监控和管理的能力；具有建立评量学生活动过程和成果质量的标准与方式，客观、全面地评价学生活动的能力。

4. 交流与合作的能力

综合实践活动实施过程中，常常需要教师与其他教师或专家合作，完成对学生的指导；同时，为保障学生活动的顺利开展，需要教师协调各方面的关系，因此，交流与合作的能力是教师应该具备的关键能力。教师要具有建立关系、维持和谐、可靠准确地履行承诺的能力；具有思考他人的观点并有依据地将其融入个人想法或行动中的能力；具有根据他人的需要调整自己的表达或行为，从而使自己的想法更容易被他人理解的能力；具有寻找方法，调解分歧的能力。

二、综合实践活动教师专业成长的有效途径

综合实践活动课程的实施为教师专业成长提供了广阔的空间，冯新瑞

在2013年对全国东部、中部和西部九个省份进行了抽样调查，调查结果表明：93.37%的教师认为指导综合实践活动课程对教师的专业成长有很大帮助或有所帮助。当被问及最大的收获是什么时，多数教师认为是"教学观念和方式改变了""和学生的关系融洽了"和"组织协调能力提高了"；部分教师认为是"课程开发能力增强了""实现了自我价值""有成就感"和"掌握了科学研究的方法"等。[1]

这一调查结果充分表明，综合实践活动教师在就职前没有经过在各级师范院校系统专业学习的前提下，在综合性课程的各级研修培训尚不完善的情况下，教师自身专业素质得到了很大的提升。教师的成长得益于新课程所带给教师的充分的课程自主性和有别于学科课程的课题化情境，这也正是美国学者舍恩（D. Schon）所强调的：任何课题化情境总是复杂的、不确定的、不稳定的、独特的和存在价值冲突的，因为这个情境存在于任何已经产生的理论和技术之外，实践者就不能将它作为一个工具性问题并指望应用他的头脑里储存好的专业知识来解决它。[2]在课程实施过程中，教师要应对这种"课题化"的情境，就不得不用自己设计的情境化策略尝试性地解决，教师通过在实践中对自我教学行为的不断研究和反思，通过对自我实践经验的不断积累和运用，使课程所需要的专业素质得到了有效提升。

这也充分说明，教师作为课程的实施主体和教学主体，学校和课堂不仅是课程实施的场所，同时也是提高教师素质的场所。正如美国学者科克（D. Kirk）等人所言："教师对课程变革的发言权取决于其具体情景中的课程实施，由于其工作的性质，教师对制度性话语的贡献并不能跟学科专家相比，或跟教学法专家相比。教师的专业性根植于其工作的具体情境：学

---

[1] 冯新瑞.综合实践活动课程实施效果的调查研究[J].教育科学研究，2013（1）：54-61.
[2] 宋时春，张华.教师成为研究者：新课程的教师角色期待[J].语文建设，2002（11）：4.

校的、课程方案的、课堂的情境等。他们沉浸在课程实施的具体情境中，并从其中引发出自己的权威声音"。[1]

学校、培训机构和教育管理部门要为教师的专业成长创造良好的环境。北京教育学院研制了《中学教师专业发展标准及指导（技术与综合实践学科）》，根据教师在不同专业发展阶段应达到的目标制定了相应的标准框架和从新手到熟练、从熟练到成熟、从成熟到卓越三个层次的指导要点；许多地区也在尝试着梳理综合实践活动教师应具备的专业知识和专业能力等。这些做法使教师个体在总结和反思教学实践时有章可循，在一定程度上促进了教师的专业成长。

学校、培训机构和教育管理部门也要通力合作，通过理论培训、课例研究、教育叙事研究、校本教研、校本课程开发等形式激发教师内在的学习动力，帮助教师"不断更新教育理念，树立以学生发展为本的新观念；提高将知识转化为智慧、将理念转化为方法的能力，适应综合性教学、研究性教学、实践性教学的新要求；提高将学科知识、教育理论和现代信息技术有机结合的能力，充分利用信息技术的发展为教育和学习提供广阔空间；增强理解学生和促进学生道德、学识和个体全面发展的综合水平，既要做'经师'，又要做'人师'"[2]，以适应综合实践活动课程对教师的要求，适应21世纪对教师的要求，适应素质教育对教师的要求。

---

[1] 宋时春. 试论教师对课程的重建[J]. 教育与职业，2004（9）：68-69.
[2] 教育部师范教育司. 教师专业化的理论与实践[M]. 北京：人民教育出版社，2001：5.

第四章

综合实践活动课程实施中的学生评价

随着我国新课程改革的不断深入和发展，改革评价方式、让评价引领学生发展的呼声也不断高涨。从当前的现状看来，我国原有的评价方式更加强调甄别和选拔功能，而相对忽视了评价对学生发展和教学实践的促进功能。因此，《基础教育课程改革指导纲要（试行）》明确规定："建立促进学生全面发展的评价体系。评价不仅要关注学生的学业成绩，而且要发现和发展学生多方面的潜能，了解学生发展中的需求，帮助学生认识自我，建立自信。"这些要求体现了新课程改革倡导的一些新的评价理念，如关注评价过程，发挥评价的发展功能；以及打破单一的量化评价形式，注重质性评价等。在综合实践活动课程的实施过程中，学生评价问题显得非常重要，在开展学生评价的过程中，也需要体现这些评价理念，以更好地实现评价的功能。

第一节 综合实践活动课程实施中学生评价的理念与原则

宽泛地讲，学校教育评价是学校教育教学过程的重要一环，其基本目的，就是在于对课程计划、教学活动及学生学习结果等进行描述和价值判断，确定课程与教学是否实现教育目标，以提供改进的反馈意见，更好地促进学生的发展。在教育评价中，学生学业成就的评价又是其核心的构成部分，因为对学校的教育教学进行价值判断，在很大程度上需要从学生的学业成就方面找到依据。因此，学生学业成就的评价历来受到人们的关注。

一、评价的基本理念

（一）量化评价和质性评价相结合

评价的方法大致可以划分为两类，即量化评价和质性评价，我们可以称之为两大评价范式。所谓量化评价，就是对学生的学业成绩进行数量化的描述，它以纸笔测验为主要形式进行标准测验和常模测验。确实，数量描述具有简明、精确的特点，能够减少人为的主观推论，而且数量能够用现代化的科技所提供的统计工具进行数据处理。但是，教育毕竟是一种复杂的人类社会活动，量化评价却把复杂的教育现象简化为简单的数据，不仅不能保证对客观性的承诺，而且更重要的是往往丢失了教育中最有意义、最根本的内容。所谓质性评价，就是力图通过自然的调查，全面充分地解释和描述评价对象的各种特征，以阐明意义，促进理解。质性评价反对把教育现象简化为数字的做法，主张全面反映教育现象的真实情况，倡导真实性评价（Authentic Assessment）。

当然，量化评价和质性评价并非截然对立。量化评价和质性评价代表着不同的评价理念，二者各有不同的特点，也分别适应于不同的评价目标和评价对象。量化评价能够直接反映评价对象的特质，适应于某些简单、单纯的、可以数量化的教育现象；质性评价则注重真实的教育情境，具有全面、深刻的特点，更适应于对复杂的教育现象的评价。事实上，质性评价是由于不满于量化评价而发展起来的，二者在发展的过程中倾向于结合而不是截然对立。质性评价是为了更逼真地反映教育现象，因此，它从本质上并不排斥量化评价，而是把它统整于自身，在适当的评价内容或场景中依然使用量化的方式进行评价。可以说，两种评价方法可以使用于不同的评价对象和评价目的，能够形成互补关系，更好地实现评价任务。

我国在学生学业成就评价方面实行的基本上是量化评价，如纸笔测验。纸笔测验考查的主要是学生对基本知识的掌握情况，以填空、选择、匹配等标准化的考查方式要求学生作出相应回答。正如上面论述的那样，从评价方式上看，任何评价方法都没有方法论上的优劣，但在我国的教育情境下，由于强调基本知识记忆和基本技能的养成，再加上应试教育体制的约束，这种以纸笔测验为主的量化评价范式被推向了另一个极端：学生的考试分数几乎成了衡量学生发展水平的唯一尺度，由此使得分数取得了至高无上的尊贵地位，学生被根据分数划分为三六九等，学校亦逃不出被根据考试分数来横排竖比的命运。显然，在这种情况下，单一的量化评价手段成为制约学生和谐发展的异化力量，它控制着学生在学校教育中的命运，在很大程度上走向了学生全面发展的对立面。由此看来，原有的评价充分发挥了以考试为主要形式的量化评价的作用，重视评价结果，关注评价的甄别和社会选拔功能；但对评价的过程性和发展功能重视不够，评价方式和技术也过于单调，在新的时代很难适应素质教育发展的需求，需要人们在评价方式上作出改革的探索和创新。在这方面，国外流行的真实性评价可以为我们提供启示和借鉴。

（二）注重真实性评价

20世纪80年代以来，在美国评价界开始出现了一种新的评价方式，被称为"真实性评价"。真实性评价要求学生在再现了日常生活的问题和情境中展示自己的知识和能力，要求学生在模拟现实生活的情境中展示自己完成任务、解决问题的水平。由此可见，真实性评价是指各种在类似于现实生活的真实情境中给学生呈现真实任务来考查学生真实表现的评价方式。它首先要求必须包含一个真实的任务，这个任务来源于学生的实际生活，且对他们具有挑战性，需要学生进行问题解决和运用批判性思维，考查的不仅仅是对知识的记忆，而且需要高级认知活动的介入。

从评价的规范方面来说，真实性评价需要有两个大的要素，即真实性任务和评估标准。真实性任务是指现实生活中或模拟现实生活中的一件任务，学生可以运用他们所学的知识技能去解决。这个任务的设计要求学生积极建构知识而不是被动作出选择，同时要源于真实世界而且具有挑战性。评估标准主要用于衡量学生在完成任务过程中是否达到所提出的要求，具体可表现为一些量表或指标体系。评估标准的确定可以使教师明确对学生的期望目标，也有利于学生对自己和同伴的表现进行判断，同时为家长对自己的孩子进行评价提供参考。

总的来看，真实性评价不是一种具体的评价方法，而是一种宽泛的评价方式，包括了一些具体的评价方法和技术，如档案袋评价、系统观察、自我评价、同伴评价甚至表演、论文等。在真实性评价过程中，评价与教师的教和学生的学紧密结合在一起，评价活动不再脱离教学过程而孤立进行。而且，学生通过完成一个真实的任务而表现了自己在知识和探究能力等方面的真实发展水平，从而使得评价不再外在于学生自身发展，成为促进学生个性发展的重要驱动力，迎合了"发展性评价"和"过程性评价"的理念。它具有如下一些特征：

第一，真实性评价是非结构性的评价，强调由学生自己作出反应，而不是进行选择性的反应。这跟传统的纸笔测验有着根本的不同，它内在地认可了学生对知识的自主建构要比单纯的回忆更具有社会意义，倡导了一种开放的学习态度和自主学习的观念。

第二，真实性评价强调评价的真实性，也就是强调在反映现实生活的真实任务中让学生去表现，在贴近学生日常生活的场景中收集信息资料进而对学生的表现进行判断。跟纸笔测验所要求的简单应答不同，真实性评价的作业能与真实生活产生关联。

第三，真实性评价可以从多个角度综合评价学生的发展水平，尤其是问题解决过程，而不是简单的知识记忆。它要求学生从事一些需要高层思考的事情，以科学的论证和推理方式建构合乎自身认识的、具有创造性的解决问题的方案，产生具有创造性的作品。

第四，真实性评价的目的在于了解学生的不足和学习中遇到的困惑，为教师改进教学提供参照。为此，真实性评价强调过程而不是结果。学生在评价过程中要运用所学的知识技能去解决问题、完成任务，因此评价的过程也是学习的过程。

（三）评价主体多元化

要通过多元化的评价主体、多样化的评价方法和途径来收集学生在多方面的表现。评价结果能够展示学生在多个方面所取得的进步，也能反映学生在某些方面的不足，让学生更全面地了解自己的学习状况。综合实践活动的开放性、实践性决定了评价主体的多元化，综合实践活动不再局限于课堂，可能走进社区进行实践劳动，可能进入图书馆等社会场所收集资料，可能去采访社会人士，可能到大自然中去观察等等，教师一个人再也无法完全掌握学生在活动中的表现，而同学之间却拥有了更多彼此了解沟通的时间和机会，社会人士及家长也能看到孩子们的真实表现，通过多种途径从多个主题那里能够获得更全面丰富的评价信息，从而对学生作出准确、公正、整体的评价。在方法上要将量的评价与质的评价方法相结合，以质的评价方法为主，尽量以描述性的评价展示学生在活动过程中多方面的表现，让学生清楚自己真实的学习。

二、评价的基本原则

综合实践活动评价最重要的意义和目的是促进学生发展，为学生的发展服务。综合实践活动面向全体学生，重视促进每个学生的发展，学生的发展是综合实践活动评价的出发点和落脚点。通过评价，使每个学生都能更好地认识自己、了解自己，从而更好地发展自己。综合实践活动课程鼓励学生主动参与和大胆创新，注重学生在活动过程中的体验和感受，激发学生研究问题的热情和好奇心，提高学生与同学合作交流的能力等，通过对学生的科学评价，让他们意识到自己的问题和不足，明确改进的目标和方向，不断完善和提高自己。关注学生个体各个方面的全面发展，不仅要注重知识技能的掌握，还要关注学生在活动中的表现和活动中情感态度价值观的生成，更要关注学生的个体差异，关注和理解不同学生的不同发展需要尊重，依据学生不同的背景和特点运用不同的评价方法。客观判断学生不同的发展潜能，为每个学生制定个性化发展的目标和评价标准，提出适合学生个体发展的建议。尤其需要注意的是，综合实践活动的学生评价绝不是为了对学生进行排名分类，而是通过评价让老师更全面了解每个学生的不同特点、优势和不足，以更好地帮助指导学生提高自己，促进每个学生个性化发展。综合实践活动课程学生评价应遵循以下几个原则：

（一）主体性原则

主体性原则就是在评价中贯彻以学生为主体的思想，充分发挥学生的主体地位，强调学生自评。综合实践活动中学生才是真正的主体，从活动的选题，到计划的拟订，到每一个具体环节的开展，无不以学生的需要和兴趣为出发点，学生可以自己选择喜欢的教师、喜欢的同伴，共同组成研究小组，展开课题的研究。因此，在对学生进行评价时必须充分体现学生的主体性原则，学生对自己在活动中的表现最有发言权。教育的宗旨在于发展学生的主体性，也只有学生才能对自己的表现进行最为客观真实的评价。其他主体的评价只能作为评价时的补充和参考，而且只有被学生认可的评价才能促进学生的发展，否则没有任何意义，无法发挥评价应有的功能。因此，学生才是综合实践活动的主体，学生评价要充分尊重学生的主体性。

（二）过程性原则

综合实践活动学生评价是一种过程性评价，因为相对于研究结果来说，它更注重丰富多彩的研究过程和学生在研究过程中的多种体验。综合实践活动鼓励学生走向自然、走向社会，积极参与实践活动，在活动中发现问题、解决问题，培养自身的创新精神和动手操作能力。只要学生在研究活动中有所收获，有自己的感悟和体会，就应该给学生积极正面的评价和鼓励。而传统的学科课程更注重学生所获得的学习结果，对于学生在学习中遇到的困难、学生是如何克服困难的等等学习过程关注不够。综合实践活动的学生评价贯穿于活动始终，从课题选题到研究方案的制定到参观访问体验考查等，只要是有活动，就有评价。评价不仅关注活动的结果，比如所提出的问题解决了没有，更关注问题是如何被解决的，在解决问题的过程中学生有什么样的体验，获得了什么样的经验，对活动过程有什么反思等等。

（三）综合性原则

评价的综合性原则就是要对学生进行整体评价，评价时要兼顾认知、情感、态度和价值观等各个方面。综合实践活动课程具有很强的综合性，它是对学生生活领域和生活经验的综合。学生所面对的问题不是单一的学科课程所能解决了的，也不是各门学科知识叠加起来就能回答的，而是需要把学生已有经验和知识能力与现实的问题整合起来。从目标上看，综合实践活动非常强调态度、能力、知识综合性的培养，不仅关注学生知识技能的习得和智力的发展，而且关注学生情感的体验、态度的养成和价值观的确立；从内容上看，综合实践活动课程不以单一的学科知识为中心，而是以学生的心理水平、学习兴趣、社会生活以及跨学科的综合性知识为中心强调学科间的联系、知识的综合运用以及综合能力的培养，更注重知识的综合性、广泛性和超前性；从活动方式来看，综合实践活动课程强调一切有利于学生活动的积极性和探索欲望的活动形式，强调各种感观的参与和各种心理能力的投入，强调活动形式的丰富多样与灵活多样。由于综合实践活动课程在目标、内容和活动方式上的设计安排都不是单一的而是综合的，因而综合实践活动课程的评价要遵守综合性原则，综合地运用各种方法对其进行评价，达到开始综合实践活动的目的。[1]

（四）真实性原则

综合实践活动学生评价不同于传统学科课程的评价，不能用简单的纸笔测验，而更强调学生在活动过程中的真实表现。学生需要走出教室，走出学校，到真实的社会生活中开展参观、访问等体验活动，因此，在对学生进行评价时需要重视学生在真实的情境中表现出的情感态度价值观，在

---

[1] 周雪娇.论综合实践活动课程评价的目的与原则[J].现代教育科学，2007（4）：26.

真实生活中发现问题、解决问题的能力，与同伴合作交流的能力等。传统的课程评价更多强调学生在知识技能等方面的收获，对实践能力和创造精神等重视不够，缺乏真实生活情境。综合实践活动学生评价要求把学生在真实情况中的真实表现作为评价的基础，并对学生将来在真实生活中的表现有一定的预见价值。教育的真正价值不仅在于学生在学校情境中的表现，更在于学生在非学校情境中的表现，在于学生解决生活中的真实问题的能力。因而评价设计应具有真实性和情境性，以便使学生在真实情境中表现出对现实生活的领悟能力、解释能力、创造能力，表现出他们的情感态度和价值观，并以此作为对学生的综合实践活动进行评价的基础。

（五）差异性原则

差异性原则就是评价时要充分尊重学生的个体差异，尊重学生在活动过程中表现出来的个性化特点，针对每一个学生的不同特点而实施评价。在活动中允许学生有自己个性化的表达和体验，更多地关注学生通过活动所取得的进步，而不是单纯地进行横向比较，把学生分为三六九等。要淡化学生之间的竞争，更关注学生之间的合作，引导学生认识到彼此之间的差异，更关注自己的成长，而不是关注别人。当前很多学校在开展综合实践活动课程中的学生评价时往往由学校制定客观统一的评价标准，把学生在参与活动时的表现和评价标准相对照，根据学生达成标准的程度来评判学生综合实践活动课程的学习情况。这样做的本质依然是甄别选拔式的思路，侧重于按照标准给学生进行分类，无法实现促进大多数学生发展的目的。我们都知道，教育要做的就是顺应个体的发展规律，在承认并尊重个体差异的基础上，培养学生的不同优势和个性。因此，综合实践活动学生评价尤其要遵循差异性原则，切实提高每个孩子的全面素质。

第二节　综合实践活动课程实施中学生评价的实施要求

美国著名课程论专家拉尔夫·泰勒（Ralph W. Tyler）认为，评价是一个发现这些已经制定和组织好的经验能在多大程度上产生预期结果的过程；评价就是对课程目标实际达成程度的描述，也是价值判断的过程。为了进行这种"价值判断"，就需要根据一定的方式来开展评价活动。综合实践活动课程的学生评价与学科课程实施中的学生评价不同，它更多地依赖除了纸笔测验之外的一些评价方式，主要有表现性评价、真实评价和基于活动的评价。

一、学生评价的基本要求

2017年教育部印发《中小学综合实践活动课程指导纲要》，对综合实践活动课程的理念与目标、内容与活动方式、规划与实施以及管理与评价等进行了具体的规定。其中对活动的评价也进行了阐述，指出综合实践活动情况是学生综合素质评价的重要内容，各学校和教师要以促进学生综合素质持续发展为目的设计与实施综合实践活动评价，坚持评价的方向性、指导性、客观性、公正性等原则。《中小学综合实践活动课程指导纲要》提出了如下几个方面的具体要求：

一是要突出发展导向。坚持学生成长导向，通过对学生成长过程的观察、记录、分析，促进学校及教师把握学生的成长规律，了解学生的个性与特长，不断激发学生的潜能，为更好地促进学生成长提供依据。评价的首要功能是让学生及时获得关于学习过程的反馈，改进后续活动。要避免评价过程中只重结果、不重过程的现象。要对学生作品进行深入分析和研究，挖掘其背后蕴藏的学生的思想、创意和体验，杜绝对学生的作品随意打分和简单排名等功利主义做法。

二是要做好写实记录。教师要指导学生客观记录参与活动的具体情况，包括活动主题、持续时间、所承担的角色、任务分工及完成情况等，及时填写活动记录单，并收集相关事实材料，如活动现场照片、作品、研究报告、实践单位证明等。活动记录、事实材料要真实，有据可查，为综合实践活动评价提供必要基础。

三是要建立档案袋。在活动过程中，教师要指导学生分类整理、遴选具有代表性的重要活动记录、典型事实材料以及其他有关资料，编排、汇总、归档，形成每一个学生的综合实践活动档案袋，并纳入学生综合素质档案。档案袋是学生自我评价、同伴互评、教师评价学生的重要依据，也是招生录取中综合评价的重要参考。

四是要开展科学评价。原则上每学期末教师要依据课程目标和档案袋，结合平时对学生活动情况的观察，对学生综合素质发展水平进行科学分析，写出有关综合实践活动情况的评语，引导学生扬长避短，明确努力方向。高中学校要结合实际情况，研究制定学生综合实践活动评价标准和学分认定办法，对学生综合实践活动课程学分进行认定。

《中小学综合实践活动课程指导纲要》也指出，综合实践活动没有固定的教材，如何对学生进行评价也成为实践中的一个难题。当前综合实践活动学生评价存在以下问题：缺乏可操作的明确的评价标准；没有突出学生的主体地位，没有关注到每个学生；评价不及时，难以对学生发展起到引导作用；有的学校没有评价，导致该课程难以有效落实。因此，如何构建具体明确的评价指标，切实发挥评价对学生发展的促进作用就显得尤为重要。

二、表现性评价及其实施

表现性评价是指为学生提供一定的问题情境，通过观察学生在实际任务中的表现来评价学生发展成就的一种评价方式。运用表现性评价，不仅能考查学生知识技能的掌握水平，更重要的是能考查学生运用所学知识分析和解决问题的能力。因此，表现性评价被称为是"一种高级学习的评价方式"。[1]

表现性评价不同于纸笔测验，它是一种质性评价的方式，注重对学生完成某一学习任务的过程进行观察、测量和价值评估，最终反映学生学习的状况。它关注学生解决问题和完成任务的过程，而不仅仅汇报结果；它注重情境设置，布置问题环境，为学生的表现提供机会；它关注学生学习过程中的兴趣、参与度、创新和对知识的综合运用。

例如，在评价学生的沟通表达能力时，可以设计如下几种任务：[2]

（1）描述任务：想想你的兴趣爱好和特长是什么，请向我介绍一下。

（2）突发事件任务：假设你独自在家，忽然家中起火了，你打电话给消防队，而接电话的正好是我。现在你假装正在和我通话，你要怎样向我求助？（请直接对我说，从"你好"开始。）

---

[1] 王小明. 表现性评价：一种高级学习的评价方法[J]. 全球教育展望，2003（11）：47-51.
[2] 万伟. 综合实践活动课程关键能力的培养与表现性评价[J]. 课程·教材·教法，2014（2）：19-23.

（3）顺序任务：想一想你最拿手的菜是什么。请告诉我，怎样一步一步地完成这一过程？

（4）说服任务：假如我就是学校的校长，请针对校园中存在的某些问题或者现象，向我提出若干改进意见或建议，要求尽量说服我。

（5）概括评价任务：给学生若干相关主题的文字材料，要求学生将不同的文字材料进行概括，有条理地介绍这些材料，并用自己的观点评论这些材料。

（6）演讲任务：要求学生在同学面前围绕某一主题进行演讲。

三、真实性评价及其实施

在美国某初中的社会科课堂上，教师希望用真实性评价的方式反映学生学习现代史的情况。他希望学生能够对某些历史事实形成自己的理解。为此，他要求学生去完成一项口头报告，这个报告要基于访谈和文献分析，在最后还要向全班同学汇报自己的研究结果。学生可以针对新移民、虐待儿童和少年妈妈等社会现象提出自己的问题。针对选定的研究课题要提出三个假设，并为检验每个假设再设计四个问题去进一步研究。评价标准是：是否运用资料对三个假设进行论证，至少要对其中的一个社会问题随时间的推移而发生的变化进行描述；是否选择合适的对象进行访谈，提出有效的问题，区别事实和观点之间的差别；是否能有效地完成写作并在全班同学面前汇报。这个标准可以用以下的量表进行界定：

项目	等级		
	一级	二级	三级
资料数量	1-4个	5-9个	10-12个
资料正确性	存在很多错误	存在很少错误	无明显错误
资料来源	说不出资料来源	说出资料来源，但很困难	很容易说出资料来源
参考书目	仅有几本	有一些	有很多

从这个例子中我们可以看到，真实性评价的实施其实也是一种教与学的设计，这个设计体现了综合性学习和研究性学习的特征。尽管真实性评价的实施细节跟不同评价主题有关，但一般而言，这个过程会包含如下几个步骤：

第一步，确定评价的目的和内容。根据教学的进展和对学生学习的预期，结合学生的日常生活和社会生活，确定评价的目的和内容。

第二步，设计学生要完成的任务，决定具体评价方法。联系学生的实际生活设计他们要完成的任务，同时考虑到要涉及哪些具体评价方法，如档案袋、成果展示、量表等。

第三步，确定完成任务的评估标准，明确学生表现的指标等级体系。例如，学生的表现中哪些是优秀的，哪些表现属于一般或不好，表现的哪些层面属于主要评分点等。

第四步，学生根据要求完成任务。学生在真实的生活情境或模拟的情境中去根据问题而表现出自己在知识能力等方面的发展水平，最终完成任务。

第五步，根据事先确定的评估标准对学生的表现进行判断。为提高评价的有效性，需要教师、家长和学生一起参与评价的过程，包括学生的自评和互评等。

国外真实性评价的操作方式多种多样，如观察、访谈、行为检核表、作品展示、作品项目评量、真实性情境中的问题解决、电脑模拟、实验、同伴互评、自评等。由于真实性评价是在实际生活情境或类似于这个情境之中进行的，评价的实施过程很生活化，不带有刻意评价的色彩。这也有利于学生真正表现出真实的学习情况和发展水平。

总之，传统的标准化测验与真实生活不符，而真实性评价考查的是学生在学习情境中的真实表现，评价常常是在学生解决课业问题、从事专题研究、参与感兴趣的作品等情境下进行的，容易得到学生的认同。它有利于调动学生学习的兴趣和积极性，培养合作学习和探究学习的能力。可以预见，真实性评价必将对传统评价范式提出挑战，为课程教学和学生的学习带来新的生机。

第三节 综合实践活动课程实施中学生评价的设计

综合实践活动课程的学生评价有其独有的特征,它不同于其他学科的学业成就评价,不能依赖于纸笔测验,而是需要综合考量学生完成学习任务的情况及其在学习过程中的表现,从而对学生的表现作出总体判断。在综合实践活动课程的实施过程中,要对学生的表现进行评价,需要进行具体的设计。在这方面,评价的设计主要是:依据什么来评价?确定在哪些范围和维度开展评价?评价什么内容?本节主要对这些问题予以阐述。

一、综合实践活动课程实施中学生评价的基本依据

基础教育阶段对学生的评价要体现目标导向,综合实践活动课程的学生评价最根本的依据就是综合实践活动课程的目标。只有实现了课程目标,才能实现课程的育人功能,体现这门课程的教育价值。因此,课程目标构成了学生评价的根本依据,综合实践活动课程的实施必然以课程目标的落实作为前提。

《中小学综合实践活动课程指导纲要》规定,综合实践活动课程的总目标是"学生能从个体生活、社会生活及与大自然的接触中获得丰富的实践经验,形成并逐步提升对自然、社会和自我之内在联系的整体认识,具

有价值体认、责任担当、问题解决、创意物化等方面的意识和能力。"这一总目标说明，综合实践活动课程是基于学生的直接经验和成长背景，体现经验和社会生活的教育价值，促进学生综合素质发展的综合性、经验性、实践性课程，它强调学生从自身生活和社会生活中发现问题，学习运用解决问题的科学方法，经历多样化的实践学习方式和实践体验过程，突出发展学生的综合能力、强烈的社会责任感和创新精神。与其他各类课程相比较，综合实践活动课程具有鲜明的开放性、综合性、实践性、自主性、生成性等特点，是一种能力取向、经验取向、实践取向的课程。综合实践活动的设置既适应了学生个性发展的需要，又适应了社会发展的需要，是基础教育课程改革的重要举措。显然，对学生的评价就是要考查综合实践活动课程的这种理念和功能是否得到落实，在多大程度上得到落实，这是评价过程中必须把握的基本前提。

在小学阶段，综合实践活动课程的目标表现为：（1）价值体认：通过亲历、参与少先队活动、场馆活动和主题教育活动，参观爱国主义教育基地等，获得有积极意义的价值体验；理解并遵守公共空间的基本行为规范，初步形成集体思想、组织观念，培养对中国共产党的朴素感情，为自己是中国人感到自豪。（2）责任担当：围绕日常生活开展服务活动，能处理生活中的基本事务，初步养成自理能力、自立精神、热爱生活的态度，具有积极参与学校和社区生活的意愿。（3）问题解决：能在教师的引导下，结合学校、家庭生活中的现象，发现并提出自己感兴趣的问题；能将问题转化为研究小课题，体验课题研究的过程与方法，提出自己的想法，形成对问题的初步解释。（4）创意物化：通过动手操作实践，初步掌握手工设计与制作的基本技能；学会运用信息技术，设计并制作有一定创意的数字作品；运用常见、简单的信息技术解决实际问题，服务于学习和生活。

在初中阶段，综合实践活动课程的目标表现为：（1）价值体认：积极参加班级团队活动、场馆体验、红色之旅等，亲历社会实践，加深有积极意义的价值体验；能主动分享体验和感受，与老师、同伴交流思想认识，形成国家认同，热爱中国共产党；通过职业体验活动，发展兴趣专长，形成积极的劳动观念和态度，具有初步的职业生涯规划意识和能力。（2）责任担当：观察周围的生活环境，围绕家庭、学校、社区的需要开展服务活动，增强服务意识，养成独立的生活习惯；愿意参与学校服务活动，增强服务学校的行动能力；初步形成探究社区问题的意识，愿意参与社区服务，初步形成对自我、学校、社区负责任的态度和社会公德意识，初步具备法治观念。（3）问题解决：能关注自然、社会、生活中的现象，深入思考并提出有价值的问题，将问题转化为有价值的研究课题，学会运用科学方法开展研究；能主动运用所学知识理解与解决问题，并作出基于证据的解释，形成基本符合规范的研究报告或其他形式的研究成果。（4）创意物化：运用一定的操作技能解决生活中的问题，将一定的想法或创意付诸实践，通过设计、制作或装配等，制作和不断改进较为复杂的制品或用品，发展实践创新意识和审美意识，提高创意实现能力；通过信息技术的学习实践，提高利用信息技术进行分析和解决问题的能力以及数字化产品的设计与制作能力。

在高中阶段，综合实践活动课程的目标表现为：（1）价值体认：通过自觉参加班级团队活动、走访模范人物、研学旅行、职业体验活动、组织社团活动，深化社会规则体验、国家认同、文化自信，初步体悟个人成长与职业世界、社会进步、国家发展和人类命运共同体的关系，增强根据自身兴趣专长进行职业生涯规划和职业选择的能力，强化对中国共产党的认识和感情，具有中国特色社会主义共同理想和国际视野。（2）责任担当：关心他人、社区和社会发展，能持续地参与社区服务与社会实践活动，关注社区及社会存在的主要问题，热心参与志愿者活动和公益活动，增强社会责任意识和法治观念，形成主动服务他人、服务社会的情怀，理解并践行社会公德，提高社会服务能力。（3）问题解决：能对个人感兴趣的领域开展广泛的实践探索，提出具有一定新意和深度的问题，综合运用知识分析问题，用科学方法开展研究，增强解决实际问题的能力；能及时对研究过程及研究结果进行审视、反思并优化调整，建构基于证据的、具有说服力的解释，形成比较规范的研究报告或其他形式的研究成果。（4）创意物化：积极参与动手操作实践，熟练掌握多种操作技能，综合运用技能解决生活中的复杂问题；增强创意设计、动手操作、技术应用和物化能力；形成在实践操作中学习的意识，提高综合解决问题的能力。

总之，在综合实践活动课程的实施过程中，对学生的评价应注重学生的实际表现和发展状况。评价内容上要关注过程，兼顾结果。评价方式上要多样化，注重自我评价和他人评价、个别评价与集体评价、形成性评价与总结性评价相结合。评价过程上强调客观公正、实事求是。通过成果展示、研讨答辩、访谈观察、成长记录等途径，对学生的综合实践能力、态度、情感和价值观进行整体评价。

二、综合实践活动课程中学生评价的基本维度

综合实践活动课程的学习是一种综合学习，不具有学科性，因此在对学生的学习活动开展评价的过程中要涉及更多的内容。为了对评价的内容进行结构化处理，需要划分出一些评价的维度。我国学者田慧生、冯新瑞等从学生参与活动的态度及情感发展情况、学生的实践能力发展情况、学生的学习成果三个方面提出了学生评价的基本维度，[1]具有积极的参考价值。

---

[1] 田慧生，冯新瑞等.综合实践活动有效实施与评价策略[M].北京：教育科学出版社，2016：144–146.

首先是学生参与活动的态度及情感发展情况维度。学生参与活动的态度主要是指学生在综合实践活动中的主动性和积极性。它是一个概况的内容，但是可以通过学生参与综合实践活动的时间、次数、认真程度、行为表现等方面作为具体指标来评价。学生的情感包括合作精神、创新精神、意志品质等，可以通过学生的行为表现及自我表述来进行评价。（具体参见表 4-1）

表 4-1：学生参与活动的态度及情感发展情况评价维度

评价内容	评价指标描述
主动性、积极性	积极参加每次活动、主动承担任务 认真观察，积极思考 主动想办法解决问题 主动发表意见，提出自己的看法等
合作精神、创新精神	有与他人合作的愿望 耐心听取他人的意见 努力完成自己所承担的任务，分享共同成果 敢于质疑，不迷信权威，不拘于书本 大胆提出自己的新观点、新思路、新方法、并积极主动地去探索
良好的思想品德	有保护环境的意识和能力 有社会责任感 能克服困难去完成任务 有积极乐观的生活态度

其次是学生的实践能力发展情况维度。在这一维度，主要考查学生几个方面的实践能力，包括提出问题、分析问题和解决问题的能力，筛选信

息和处理信息的能力,动手操作能力,交流与合作能力等。(具体参见表4-2)

表4-2:学生实践能力发展情况评价维度

评价内容	评价指标描述
提出、分析、解决问题的能力	能自主发现并提出问题 能科学合理地制订解决问题的方案与策略 依据方案开展活动并获得有效(或创新)的结论
信息筛选、处理及应用能力	学会并运用恰当的方法收集信息 能区分相关、有效信息和无关、干扰信息 能够对收集的有效信息进行分析与处理 能够将经过处理的信息恰当地应用到解决问题的过程中
动手操作能力	生活自理的熟练程度 与主题相关的动手操作技能及创新表现 应用信息技术工具的熟练程度
交流与合作能力	具有与人沟通合作的愿望与能力 能自主地与跟活动相关的社会机构和个人进行联系、交往 能以书面或口头等不同方式创造性地表述活动的成果、体验与感受 能与他人共同分享活动的成果与体验

最后是学生的学习成果维度。在这一维度,主要是考查学生通过参与综合实践活动的学习而收获了什么,即学生的学习成果。学习成果包括物化的成果和非物化的成果,对这两种成果都需要兼顾,不能只看到物化的外显成果。(具体参见表4-3)

表 4-3：学生学习成果评价维度

评价内容	评价指标描述
物化的成果	文字性的研究报告等达成预期研究目标的程度
	设计的方案、作品是否清晰，及其合理与创新的程度
	制作的模型和成品是否具有新颖性、实用性、美观性
非物化的成果	获得的对自然、社会、自我的认识水平及个性化的体验和感悟
	对主题研究的一般方法的掌握程度
	对信息收集、处理方法的掌握程度
	对合作、交流与表述的技能和方法的掌握程度

三、综合实践活动课程实施中学生评价的基本内容

综合实践活动课程的学生评价注重的是过程性，即考查学生在参与过程中所获得的各种收获和体验。要充分尊重学生的主体地位，肯定学生对自己在活动中表现的反思与评价，并以简单的语言进行描述，强调学生在评价过程中的交流与展示，鼓励学生进行自评和互评。要体现评价主体的多元化，除了学生自评和教师的评价之外，可以邀请家长和其他相关人员对学生的表现进行评价，从多个侧面全方位反映学生的表现。

学生自评就是让学生对自己的学习参与情况进行鉴定，包括：（1）是否对参与的学习主题感兴趣；（2）收集资料和信息的途径有哪些；（3）在活动中遇到的问题有哪些；（4）本次活动中最感兴趣的是什么；（5）对活动取得的成果是否满意；（6）还有哪些问题没有解决；等等。学生自评可以结合一定的表格来进行，如设计"综合实践活动记录与评价表"，也可以直接用语言予以描述。学生互评最有效的办法是由活动小组的组长对其

他组员进行评价，组长的表现由其他组员予以评价，从而督促所有成员相互监督、共同完成小组任务，培养团队意识。互评可以针对如下方面展开：（1）小组成员合作是否愉快；（2）小组活动遇到的最大问题是什么；（3）小组成员是如何克服困难的；（4）通过对本次活动的反思，下次活动应该怎么改进；等等。在一些访问活动中，可以让受访者参与评价，对学生的表现是否积极，准备是否充分，学生的交往、合作与协调能力是否突出等方面作出判断。例如，在"安全自护我能行"活动汇总时，学生可以用下面的表格进行自评和互评：

表4-4："安全自护我能行"学生活动过程评价

评价项目		评价内容	自评			互评		
			优秀	良好	加油	优秀	良好	加油
学习态度		对安全主题始终有探究兴趣，高度重视，认真对待，积极参与						
组织合作		组织严密，分工明确合理，组员团结合作配合默契，还能与其他小组交流、共享信息，共同探讨疑难问题						
工作方式		在学习活动中制定了详细且行之有效的工作计划，能运用三种以上的方法完成学习任务，工作方式科学，能解决问题						
工作能力	搜索和搜集信息能力	信息来源渠道多样，能用三种以上搜索方式快捷地进行搜索，能获得大量信息，且信息内容全面，包括文字图片、声音视频等						
	浏览阅读能力	能较熟练地运用阅读和浏览的方法，阅读大量的相关资料						

续表

评价项目		评价内容	自评			互评		
			优秀	良好	加油	优秀	良好	加油
工作能力	多媒体创作能力	能运用两到三种软件，不拘形式地创作出主题鲜明、内容具体、语句通顺、条理清楚，融图片、文字、声音、视频为一体的，具有创意和感染力的电子制作品						
	发布成果能力	能及时上传研究成果，口头说明详尽生动。态度大方自信，语言有感染力，能根据需要调整表述方式，并及时回答所有同学提出的问题						
	创新能力	善于观察、分析、思考，能提出创新的观点和独特的见解，宣传创作，大胆创新						
	反思能力	能经常反思工作中的不足，及时总结经验，不断调整工作方向						
	社会实践能力	能运用多种方式进行社会调查，懂得在社会中如何与他人打交道，动手实践能力强，调查报告内容翔实，观点独特						
工作成效		能根据调查结果提出有意义有价值的建议，扩大学习活动成果						
		能按时完成任务，且速度快，质量高						

（资料来源：《综合实践活动课程国内外案例分享》，高等教育出版社，郭元祥主编，2003年版，第135页）

家长是重要的见证者，邀请家长参与可以让家长了解并监督自己孩子的表现。家长的评价主要通过了解孩子参与综合实践活动的情况、查阅孩子的活动档案袋来进行，对孩子参与活动的态度与努力情况、完成资料收集的情况、学习知识和提高能力的情况、行为习惯的养成等方面作出判断。在综合实践活动学生评价中，要充分利用家长资源，把家长作为重要的评价主体。家长作为孩子的第一监护人，是最熟悉和了解自己孩子的人，因此，家长有责任也有条件参与到综合实践活动学生评价中。同时，由于教师面对的是多个学生，难以关照到每个学生，因此家长评价很好地弥补了这一缺憾。家长的参与使学生评价更为全面、丰富、客观。通过上述案例我们也可以看出，家长的参与发挥了重要作用，他们能客观准确地评价学生在综合实践活动中的表现和综合实践活动给学生带来的变化，成为评价的重要补充。家长在参与评价过程中，可以督促孩子及时完成活动记录的填写，对孩子在活动中的表现进行详细评价，帮助孩子更全面地认识自己，有利于家校合作共同教育孩子。家长的评价可以结合下表进行：

表 4-5：家长评价参考表

活动前	活动后
您的孩子是否具备一定的安全意识和自救自护常识，请具体说明。	您认为这次活动对孩子的学科学习有何影响？（是否有促进作用）
您是否支持孩子参加此次活动？	您的孩子在参加这次活动的前后有何变化？
您准备在哪些方面给予孩子一定的指引和帮助？	您是否看过孩子的学习成绩（如调查报告、电子作品等）？感觉如何？
您对本次综合实践活动有何建议？	您对今后的综合实践活动开展有何建议？

教师的评价最关键。教师的评价要以前面的评价为依据，并结合自己的指导和观察情况进行综合评价。可以从学生参与活动的态度（如是否积

极参与活动,与小组成员的合作是否良好,参与活动是否善始善终,是否勇于克服困难)、知识技能的掌握(包括查阅资料的技能、运用工具的技能、交往与表达能力、分析总结能力等)、创意和实践能力的情况(包括选题的新颖性、方法的适切性、活动的灵活性、开展活动的独立性等)这几个方面进行综合评价。教师可以通过"写评语"的方式对学生进行综合评价,如一位陈老师在学生完成一次综合实践活动后写下了如下评语:[1]

"听过的容易忘记,看过的印象不深,亲身体验过的才刻骨铭心,难以忘怀。通过两个月的跟踪调研活动,我们欣喜地看到,从活动的筹备到结束,孩子们通过开展活动设计、策划、市场调查、广告设计、现场交易等方面的实践,他们的创造力得到最大限度的发挥,培养了自身适应社会的初步能力,提前产生了经济价值观念的意识。实践证明,这样的体验活动,是非常受孩子、老师和家长欢迎的,它比空洞的说教更有效。在活动中,学生需要用所学的文化知识做基础,这也让他们意识到走入社会后如果没有文化知识做基础,干什么事都很难,从而激发了他们学习文化知识的积极性。在活动中,他们提高了处理问题的能力,掌握了与各种各样的人打交道的技巧,对社会也有了进一步的认识和了解,这有利于他们将来更快地适应社会。孩子们在自我服务、自我教育、自我展示中体验了辛苦与快乐、失败与成功,有了极大的收获,这的确是让他们终身受益的一次活动。"

总之,综合实践活动课程实施中的学生评价内容很丰富,一般包括多个方面:[2](1)学习态度,主要指学生在综合实践活动中的主动性和积极性,可以通过学生参与综合实践活动的时间、次数、认真程度、行为表现等方面来评价,如学生是否认真参加每一次主题活动、主动提出设想和

---

[1] 郭元祥.综合实践活动课程国内外案例分享[M].北京:高等教育出版社,2003:115-116.
[2] 田慧生,冯新瑞等.综合实践活动有效实施与评价策略[M].北京:教育科学出版社,2016:18-20.

建议、认真观察思考问题、积极动手动脑、认真查找相关资料、按时完成学习计划、不怕困难坚持完成任务等；（2）合作精神，主要对学生在参与小组及班级活动中的合作态度和行为表现进行评价，如学生是否能积极参与小组活动、主动帮助别人和寻求别人的帮助、认真倾听同学的意见、乐于和别人一起分享成果、在小组中主动发挥自己的作用等；（3）探究能力，可以通过对学生在提出问题、解决问题过程中的表现及其对探究结果的表达来评价，如是否敢于提出问题，以独特新颖的方式着手解决问题和表达自己的学习结果以及是否善于观察记录，能够综合运用相关的资料，积极采用多种多样的方法，生动形象地表达自己的学习过程与结果等等；（4）社会实践交往能力，可以通过学生是否主动与他人交往，是否有与人沟通、合作的愿望，是否能协调各种关系等方面进行评价；（5）收集和处理信息的能力，可以通过学生收集信息的数量、方法、途径、真实性以及对信息的辨别反思、反应能力等多方面来评价；（6）劳动态度与习惯，可以通过对学生在劳动过程中是否认真负责，遵守纪律，团结互助，爱惜劳动成果等方面对学生进行评价；（7）设计与操作技能，综合实践活动中的劳动技术教育和信息技术教育是以学生的操作性学习为主要特征的，强调学生在技术操作运用过程中意识的形成、思维的培养、技术能力与态度等方面的发展，强调规范操作与技术创新意识的统一，可通过技术作品的表现形式对学生进行评价。

四、评价中收集资料的方法

在对学生的综合实践活动情况进行评价的过程中，最重要的工作是对学生的表现进行观察并收集相关资料，尤其是要开展表现性评价，则更需要运用一定的方法来实现这一目的。这些方法包括观察记录、问卷和量表调查、访谈、作品收集和纸笔测验等。

要收集相关的评价资料，对学生的参与情况进行观察和记录是非常有必要的。观察和记录的相关内容包括：（1）学生如何适应新环境；（2）在不同的环境里他们的行为表现如何；（3）他们在知识的增长和技能的培养方面取得了哪些进步；（4）他们对什么事物感兴趣；（5）他们对外界事物如何作出反应。为了获得详尽的信息，可以制作一些观察表，列出观察点，对学生响应的行为表现进行记录和评议，由此获得相关的信息。

对于低年级的小学生来说，对他们进行观察则更为困难，这时候设计一些行为评价表就显得很重要。我们可以针对某一具体学习任务，提炼出评价内容，并对应着评价标准，由参与评价的不同主体各自完成，这样相关的评价信息就一目了然了。例如，在评价关于综合实践活动的参与行为方面，我们可以设计如下评价表：

表 4-6：小学低年级学生行为评价表

班级：_____	姓名：_____			
评价内容				
自评汇报				
星级评价标准				
1. 没有做（　　） 2. 偶尔做（ ☆ ） 3. 每天做，完成得马马虎虎（ ☆☆ ） 4. 每天做，完成得非常出色(☆☆☆)	自评	小组评	家长评	教师评

此外，为了更好地记录和整理学生的表现，可以采用档案袋评价的方法，为学生建立综合实践活动档案袋。以档案袋的方式记录和收集学生一连串的表现、作品、反思日记和小总结等。一个理想的档案袋能够为教师提供其他评价手段所无法提供的重要信息，能够为教师描绘出一幅动态的、完整的学生活动的图画。档案袋的内容可以帮助教师更及时准确地掌握每个学生真实客观的活动情况，了解每个学生的活动方式和特点，从而更有针对性地进行评价和指导。那么，档案袋中究竟应收集哪些材料呢？这取决于我们的评价目的。如果我们的目的是"展示"，那么，只要收集学生最满意的作品即可；如果我们的目的是"反映学生的进步"，那么，档案袋中既要收集过程性作业，也要收集结果性作业；既要收集学生的作品校本，也要收集其他一切可以描述学生进步的材料（如观察记录、他人的评价、测验试卷等）；同时，学生的自我反省和自我评估材料也可放入其中。

总之，综合实践活动的学生评价不但要关注评价的结果，更要注重评价的过程，要体现评价的发展性和形成性的功能，而不是终结性的功能。但对于学生的表现进行评价确实是综合实践活动课程实施过程中的难点，也是关键点。中小学校只有充分关注评价的重要性，才能最终实现综合实践活动课程的育人价值，促进学生核心素养的发展。

第五章

综合实践活动课程资源的开发与利用

世界之大，资源无处不在。不同资源对不同的事物发展产生不同影响。在教育领域，资源对课程的开发、设计以及实施全过程的影响不可忽视。综合实践活动课程作为我国课程的一种类型，其形式的多样性和实施的开放性更是依赖着周遭存在的客观资源。我国地大物博，地方差异明显，城市和农村差距较大，同时课程资源也在不同地区千差万别。综合实践活动课程作为一种开放性的课程，其实施必须充分地考虑到地方的差异和学校的传统等基本因素。在综合实践活动课程的活动项目开展过程中，必须加强对地方、社区和学校的课程资源的开发和利用。通常来说，课程资源是课程实施展开的背景和条件。为了更好地促进综合实践活动课程的开展，本章从综合实践活动课程资源的内涵出发，根据自然、社会、自我三大维度展开，讨论了如何对综合实践活动课程资源进行开发、如何有效地利用综合实践活动课程资源，并针对综合实践活动课程资源在开发和利用过程中现存的问题，提出了相应的解决方案和应对方法。

第一节　综合实践活动课程资源概述

一、综合实践活动课程资源的内涵

从信息资源学的角度来看，资源是各种客观存在物，且这种存在物可以在自然界和人类社会中创造出物质和精神财富。课程资源是整个课程发展过程中可资利用的一切人力、物力以及自然资源的总和。根据当今中小学校课程实践的情况以及我国新课程改革的发展趋势，综合实践活动课程资源是指所有能够组成综合实践活动课程的各种因素来源以及在课程开展和实施过程中必须要具备的直接的和确切的条件。

综合实践活动课程资源的概念从广义和狭义角度来看有不同的含义。"广义的综合实践活动课程资源指有利于实现综合实践活动课程目标的各种因素，是富有教育价值的、能够转化为综合实践活动课程或服务于综合实践活动课程的各种条件的总称。由于'课程目标指向学生的发展''课程内容富含教育性'，这是被广大教育工作者所认同和接受的，因此，所谓综合实践活动课程资源一定是能够为教育服务的、有利于综合实践活动课程实施和教育目标实现的。狭义的综合实践活动课程资源仅仅指形成综合实践活动课程的直接来源，如课程中使用的教科书等。"[1]当前，我国课程改革中提倡的综合实践活动课程资源的开发与利用多是以广义的概念开展的。从目标实现的角度来看，只要是对课程开发与利用有帮助的因素都应该归于综合实践活动课程资源，如资源包、教辅书、教学场地等物质资源，也同样包括学科专家、教师、学生等人力资源。要有效达成综合实践活动课程的目标，也需要我们全面而科学地对综合实践活动课程资源进行开发与利用。

二、综合实践活动课程资源的特点

（一）丰富性

客观事物存在着多样性和丰富性，资源作为客观存在的物体，同样具有丰富性特征。"综合实践活动课程资源绝不仅仅是文本资料，绝不仅限于学校内部，综合实践活动课程资源涉及学生学习与生活环境中所有有利于综合实践活动课程实施及达到综合实践活动课程目标的教育资源。"[2]因此，综合实践活动课程资源具备丰富性的特征，且分散在学校内外的各个方面，如学校所处的水土、气候、植被，以及学校的综合环境，还有学校外的社区社会活动、地方民族文化传统、博物馆、革命圣地、历史遗迹等。

课程资源的丰富性，决定了学校在开发综合实践活动课程的过程中应有丰富性的资源观。不同学校的课程资源开发都具有多元性和丰富性，各学校应不断加以开发和利用，使学校课程变得丰富多彩。

---

[1] 田慧生.综合实践活动课程的理论探索与实践反思[M].北京：教育科学出版社，2007：286.
[2] 同[1].

（二）可开发性

综合实践活动课程在具体开发和实施过程中，需要依据课程的目的，对所需要的资源进行选择、改造并加以利用。同时，在综合实践活动课程的开展和实施过程中，不同开发主体具有不同的主观能动性，在对同一综合实践活动课程资源的开发上，需要考虑资源的广度和深度。在达成课程目标方面，也会有较大的差别，如当不同主体在开展以"探究学校的周边社区存在的资源"为主题的综合实践活动时，就会涉及学校周边工农业生产、交通文化、社区经济生活等这一类课程资源，同时也会产生开发利用的差异性。所以，客观存在的综合实践活动课程资源具有可开发性的同时，其利用也取决于人的主观能动性。

由此看来，课程资源的可开发性，要求学校在综合实践活动课程资源的开发过程中，充分重视资源的可开发性。课程设计人员要关注到相关的课程资源，才能设计出更好的综合实践活动课程。

（三）间接性

有许多综合实践活动课程资源是客观存在的，且在综合实践活动课程设计之前就已经存在。这些资源能够为综合实践活动课程的实施提供支持或转化为综合实践活动课程，但是需要具备一定的操作条件。因此，综合实践活动课程资源具有间接性的特点。只有充分地开发和利用好学校周边的客观存在的优秀资源，才能够有效推动综合实践活动课程的实施。

课程资源的间接性，要求在综合实践活动课程资源的开发与利用过程中，去探究一切有利于达到综合实践活动课程目的的所有资源，并能够灵活运用那些客观存在的资源。

（四）开放性

课程资源的开放性主要体现在课程内容的开放性和开发主体的开放性两个方面。课程内容的开放性体现在综合实践活动超越了书本知识的局限，课程内容面向学生现实生活，涉及自然现象、社会政治、经济、文化和学生日常生活的方方面面。开发主体的开放性体现在，首先，国家、地方和学校都是课程开发的主体，只是他们担负的职责不同而已；其次，从学校层面看，综合实践活动课程开发的主体也是多元的，教师、学生以及社会人士都可以成为课程开发的主体。

课程资源的开放性要求综合实践活动课程在课程资源开发和利用的过程中，突破学校的高墙围栏，走向广阔生活领域，并充分重视不同主体对课程资源的开发利用。课程资源不应仅仅局限于书本知识，对于学校周围特别是学校内的资源，在课程开发的过程中应该予以强调和重视。

（五）差异性

学校所处的地理环境、人文环境不同，课程资源存在的形态、类型千差万别，可利用到综合实践活动课程中的资源也具有很大的差异性。比如南方与北方的学校在开展地理综合实践活动课程时，在利用地理课程资源方面就会呈现出明显的南北地域差异。再者，由于我国地域间的经济发展水平不同，中西部地区在人力、财力等条件性课程资源方面明显落后于东南沿海地区，因此两地在课程资源开发方面存在差异，发达地区课程资源明显优于经济落后地区。同时，课程资源的开发要尊重文化多样性，文化的多样性也造就了课程资源开发的差异。最后，聚焦学校课程资源开发时，学校的性质、规模、传统以及教师素质和办学水平也大大地影响课程资源开发的异同。

课程资源的差异性要求学校在综合实践活动课程资源开发和利用过程中，注意到学校周边资源的特殊性以及在资源开发过程中开发主体的差异性，并充分利用好这些差异，推动综合实践活动课程的顺利开展。

三、综合实践活动课程资源开发的意义

课程资源支撑着所有的课程的设计与实施。总的来看,课程资源是学校课程设计与实施的全部条件的总和,是课程能够发挥育人价值的基础,是课程设计、课程实施的基本组成部分。

首先,综合实践活动课程资源作为综合实践活动课程内容的直接来源,影响着课程内容。在课程内容设计的过程中,需要从众多的课程资源中选择出独特的适合课程设计和开展的课程资源,并按照某种特定的方式将所选择出的课程资源加以组织、重建并构成一定的系统。综合实践活动课程的开展,需要围绕着丰富的课程资源进行,所以,课程资源对课程内容的设计有着直接的、重要的影响。

其次,综合实践活动课程资源是综合实践活动课程实施的基础条件。不同的课程在设计、实施的过程中需要不同的保障条件。综合实践活动课程与传统课程的实施不同,其实施需要超越教室、超越课堂、走出校园,走进自然和社会,要在指导教师的引导下让学生自主地展开课程活动过程。一旦课程的实施脱离了丰富的课程资源,其就会变成只专注于书本知识的知识传递过程。

最后,综合实践活动课程资源影响学生学习方式的变革。学生作为课程进行过程中的主要活动群体,课程资源开发是否符合课程主题,是否利用得当,对于学生学习产生的影响是非常明显的。"课程资源制约着学生的学习活动方式。课程实施的核心是学生的学习活动。课程资源的性质和状况直接影响着学生的学习活动方式。课程资源的开发与利用,实质上直接影响着学生的素质发展,制约着学生在教育活动中的生活方式或存在方式。"[1]因此,学校在课程开发的过程中要确切地选择课程资源,从而

---

[1] 郭元祥.综合实践活动课程——设计与实施[M].北京:首都师范大学出版社,2001:270.

使其有效地推动学生学习活动方式的改良和发展。

在综合实践活动课程展开的全过程中，课程资源不仅仅只是课程实施的背景、条件，其本身也能够成为课程内容组成部分，对课程实施具有重要的意义。因而，为了更好地促进课程的发展，课程资源是课程所有要素中不可忽视的存在。

四、综合实践活动课程资源的分类

课程资源的分类多种多样，但无论从哪种角度划分课程资源的类型，都要注意两个基本原则。第一，逻辑上要明晰，划分的课程资源类型要具有逻辑性，不能自相矛盾和过多交叉重复；第二，要有利于分析学校的实际需要，并能够有效解决学校实践中存在的主要问题。这就要求对课程资源的分类有助于我们既能看清课程资源开发和利用中的主要问题，又能够找到相应的解决途径和办法。根据不同的划分标准，课程资源可以划分出不同的类型，主要有以下几种：

根据课程资源的功能和特点，可以把课程资源划分为素材性资源和条件性资源两大类。素材性资源能够成为课程的素材或来源，它是学生学习和收获的对象；条件性资源不是形成课程内容的直接来源，也不是学生学习和收获的直接对象，但课程的实施范围和水平在很大程度上受到条件性资源的影响，如开展活动的时间、场地、媒介、设备、设施和环境等因素，就属于条件性课程资源。当然，把课程资源划分为素材性资源和条件性资源更多的是为了便于说明问题，两者并没有绝对的界线。现实中的许多课程资源往往既包含着课程的素材，也包含着课程的条件，比如图书馆、博物馆、实验室、互联网、人力和环境等资源就是如此。

根据空间分布的不同，课程资源大致可以分为校内课程资源和校外课程资源。学校范围之内的课程资源，属于校内课程资源，而在空间上超出学校范围的课程资源就是校外课程资源。校内课程资源包括实验室、图书馆以及各类教学设施和实践基地等；校内人文资源，如专家型教师、师生关系、班级组织、学生团体、校风校纪、校容校貌等；与教育教学密切相关的各种活动，如实验实习、座谈讨论、文艺演出等。能够有效实现课程目标，较好地促进学生全面发展的最基本、最便利的资源是校内课程资源，所以，校内课程资源应该作为课程资源开发与利用的首要着眼点。校外课程资源包括公立图书馆、博物馆、展览馆、工厂、农村、部队、科研院等广泛的社会资源以及丰富的自然资源。同时，学生家长与学生家庭的图书、报刊、电脑、学习工具等也是不能忽略的课程资源。再者，校外课程资源可以在特定的课程需要中弥补校内课程资源的不足，我们转变教育教学方式以及适应新课程都离不开充分地开发和利用校外课程资源，校外课程资源为学校改革提供了强有力的支持和保证。

"按照存在方式的不同，课程资源可以分为显性课程资源和隐性课程资源。前者指看得见摸得着，可以直接运用于教育教学活动的课程资源，如教材、计算机网络、自然和社会中的实物、活动等。显性课程资源可以直接成为教育教学的便捷手段或内容，相对易于开发和利用。隐性课程资源是指以潜在的方式对教育教学活动施加影响的课程资源，如学校的校风、家庭氛围、师生关系等。"[1]隐性课程资源与显性课程资源不同，其作用于课程的方式具有间接性和隐蔽性的特点，也就是说隐性课程资源不能对教育教学构成直接影响，但是在得到正确且合理的运用和开发下，能够帮助学生更好地完成课程目标，促进学生更好地发展。

根据性质的不同，课程资源可以分为自然课程资源和社会课程资源。

---

[1] 文可义.综合实践活动课程概论[M].南宁：广西科学技术出版社，2007：81.

我国地域辽阔，山水秀美，物产多样，可以开发与利用的自然课程资源极为丰富。例如，用于开发生活课程的动植物、微生物，用于开发地理课程的水文和地貌、天气和气候等等。人们可以开发、利用的社会课程资源同样是丰富多彩的。如较好保存以及充分展示人类文明成果的公共设施（图书馆、博物馆、展览馆等）；生活中道路的线条美，雕塑的造型美等。另外，人类的交往活动如政治活动、军事活动、外交活动、科技活动等都可以成为课程资源。与教育教学活动有着直接关系的还有价值观念、风俗习惯等，这些也是在课程设计与开发过程中不可或缺的课程资源。

根据资源的呈现方式和物理特性的不同，课程资源可以分为文字资源、实物资源、活动资源和信息化资源。印刷品记录着人们的思想，蕴含着人类的智慧，保存着人类的文化，延续着人类的文明，直到今天仍然是最重要的课程资源。实物资源表现为多种形式，一类是自然物质，如动植物、矿石等；一类是人类生产生活过程中创造出来的物质，如建筑、机械、服饰等；还有一类是为教育教学活动专门制作的物品，如笔墨纸砚、模型、标本、挂图、仪器等。

综合实践活动课程资源涵盖的内容非常广泛，教师的言语活动、班集体和学生社团的活动、各种集会和文艺演出、社会调查和实践活动，以及师生之间、学生之间的交往等等都属于综合实践活动课程资源。要打破并改变单一的课程接受模式，充分开发与利用综合实践活动课程资源是有效的途径之一。充分且恰当地利用好综合实践活动课程资源，能够使学生在掌握知识的过程中，不断增进自身社会适应和社会交往能力，从而养成健全人格。

第二节 综合实践活动课程资源的开发

没有课程资源的开发，就没有综合实践活动课程的具体实施，因此，课程资源的开发是实施综合实践活动课程的基本前提，也是综合实践活动课程内容的直接来源。综合实践活动课程能否顺利开展，大部分取决于能否积极地开发和利用现有的课程资源。

一、综合实践活动课程资源开发的原则

一般而言，原则是在开展一项活动的过程中所需要遵守的事项，且这些事项对该活动的开展具有推动作用。考虑到综合实践活动课程资源开发与利用是一项教育实践，因此探讨这些原则显得格外重要。想要充分挖掘并合理利用那些具有开发和利用价值的课程资源，必须要遵循这些原则，只有这样才能有效地促进学生、教师和学校的发展。

（一）经济性原则

所谓经济性原则，主要考虑到课程开发的时间、空间和经济成本。"开支的经济性，是指用最节省的经费开支取得最佳效果，尽可能开发与利用那些不需要多少经费开支的课程资源。时间的经济性，指尽可能开发与利用那些对当前教育教学有现实意义的课程资源，而不能一味等待更好的条

件或时机，否则就会影响新课程的实施。空间的经济性，是指课程资源的开发与利用要尽可能就地取材，不应舍近求远，好高骛远。校内有的不求诸校外，本地有的不求诸外地。"[1]

上海浦东新区宣桥学校组织的"新场古镇旅游资源调查"的研究活动课程，让生活在当今科技高速发展的快节奏社会中的学生体会了江南古镇的小桥流水人家慢生活，丰富了学生的精神世界，从而引导他们去探究优秀的文化遗产，体会多元的生活方式。在选择研究目的地时，宣桥学校从经济性出发，选择了离学校较近的新场古镇。因此，该课程在前期选择资源时，明显地遵守了课程资源开发的经济性原则。

（二）实效性原则

学校教育不可能包揽学生要学到的所有东西，所以必须在可能的课程资源范围内，在充分考虑成本的前提下突出学生所需的重要学习内容，并针对不同的课程目标精选对学生终身发展具有重大决定意义的课程资源。课程资源本身具有多质性，也就是指同一课程资源在不同的背景情况下可以服务于不同的课程目标。所以，各学校在开发与利用课程资源时，必须根据课程目标，仔细分析与课程目标相关的多种多样的课程资源，只有这样才能保证综合实践活动课程资源的开发与利用具有针对性及实效性。

（三）学生发展为本原则

学生作为学习的主体，学校应以"学生发展为本原则"作为标准筛选教育资源，即看课程资源能否促进学生发展，因此，"要大力开发那些能够激发学生灵感和创意的素材，让学生产生学习的兴趣和欲望。兴趣和欲望不仅是综合实践活动得以顺利开展的基本前提，也是进行课程资源开发

---

[1] 教育部基础教育司，教育部师范教育司．课程资源的开发与利用[M]．北京：高等教育出版社，2004：32．

的基本保证。"[1]学生主要是根据自己感兴趣、有强烈欲望的问题提出活动主题，同样，如要达到课程资源开发的目的，去促进学生的发展，教师在提出主题时也必须创设一定的情境，通过具体的情境去引起学生的兴趣和欲望。

在综合实践活动课程中，为了贯彻学生发展为本原则，学校需要在综合实践活动课程的开展过程中，充分地调动学生的参与性和积极性。"如在'让池水变清'主题研究过程中，学生在了解了具有过滤作用的各种材料之后，通过小组合作等方式，达到了实验的目的。从整个探究过程上看，学生们对探究方法的设计和实验工具的使用充满了兴趣和激情。在这个过程中学生学会了合作，明白了精细化操作的重要性，体验到了如何从失败中发现问题并改进的方法。"[2]在课程资源开发的过程中充分尊重学生的主体地位，能够有效地调动学生参与的积极性和学习的主动性，能够推动课程目的的实现。

（四）开放性原则

综合实践活动课程资源开发与利用的开放性主要体现在类型的开放性、空间的开放性和途径的开放性几大方面。具体而言，"类型的开放性，是指不论以什么类型、形式存在的课程资源，只要有利于提高综合实践活动质量和效果，有利于学生的体验，都应是开发与利用的对象。空间的开放性，是指不论是校内的还是校外的，城市的还是农村的，中国的还是外国的，只要有利于提高活动质量，有利于学生的发展，都应加以开发与利用。途径的开放性是指课程资源的开发与利用不应局限于某一种途径或方式，而应探索多种实践途径或方式，并且能够尽可能地协调配合使用。"[3]

---

[1] 文可义．综合实践活动课程概论[M]．南宁：广西科学技术出版社，2007：86．
[2] 黄捷，曹忠．"生活探究课程"的浦东设计和实例[M]．上海：上海教育出版社，2017：120．
[3] 刘旭东．校本课程的理念与实施[M]．北京：首都师范大学出版社，2003：236．

课程资源的开放性使得学校在开发课程时有了更多的选择空间。

（五）针对性原则

为了有效达成课程目标，课程资源的开发与利用是必不可少的。针对不同的课程目标应该开发与利用与之相应的课程资源。学校根据其所处的地域环境、学生差异以及活动主题的差别，在培养目标一致的前提下，要因地制宜、因时制宜、因人制宜，选择相应的课程资源进行有效开发与利用。第一，针对活动主题的差异，开发利用课程资源。主题存在差异，要利用的资源也就不同；即使当主题相同时，利用的资源也往往不同。例如，"做个合格的儿女"与"做个合格的学生"，二者主题不同，前者以家庭资源为主，后者以学校的资源为主。又如，"保护环境"作主题，有的重在调查社区环境问题，有的重在调查区域环境问题，有的则深入调查研究如何能够有效减少环境破坏等技术性问题。第二，针对各地区学校特有的课程资源进行开发利用。比如学校环境问题是一个不可回避的主题，由于各地的特点不同，所以学校选择的课程资源是不同的。有的学校以学校周边社区资源为开发利用对象；有的则以清除违规网吧、清除不良游戏厅为开发利用对象。

除了以上原则之外，课程资源开发的原则还有很多。各个学校在开发本校课程资源的时候，需要根据自己学校的实际情况以及具体的学生需求，因地制宜地选择相应的课程资源开发原则，从而使课程更好地展开，更好地达成课程目标，促进学生的发展。

二、综合实践活动课程资源开发的维度

自然、社会、自我是综合实践活动课程资源开发的三个维度。综合实践活动试图让学生在与自然、社会以及自我的直接接触中发展出良好的个

性品质和内在德行。因此，为了更好地实现这一目标，学校在对课程资源进行开发时，需要从自然、社会、自我三个维度开展。

（一）自然维度

综合实践活动课程资源开发的自然维度，其目的重在引导学生关注自然，并培养学生切身感受自然的习惯，加深学生对自然与人类之关联的理解，并发展学生对自然的热爱与兴趣，从而提升学生在实际的生活中保护自然的实践能力。"为了更好地实现上述目的，综合实践活动课程资源的开发需要在审视人与自然之关系的性质的基础上，把握人与自然关系的时代追求，并以之为据，探索一系列具体的课程资源开发策略。"[1]因此，在自然中探究自然、"关于自然"的自然探究、"为了自然"的自然探究就成了自然维度中必须要探讨的问题。

1. 在自然中探究自然

综合实践活动课程资源的自然探究应该让学生进入自然、直面自然，在参与、实践中与自然展开丰富多彩的交往，直接体验自然世界的奇妙。在这一过程中，教师应该不断鼓励学生相信自己的知觉系统和理智判断，最终激发学生的兴趣、激情、想象力和好奇心。

2. "关于自然"的自然探究

"关于自然"的自然探究内涵广泛而丰富，包括探究自然带给人的惊奇，自然本身存在的多重价值以及自然的自在价值；同时，自然、社会、自我拥有着密不可分的关系，因此，"关于自然"的自然探究也包括自然与社会和自我之间的整体关系以及引导学生体悟自然本身的价值等多个方面。自然所具有的不以人为尺度改变的价值是自然本身的内在价值。每一个独立的个体都有自己存在的内在价值。

---

[1] 张华，李树培. 论综合实践活动课程开发的自我维度[J]. 教育发展研究，2008（24）：60-66.

3. "为了自然"的自然探究

培育学生的自然伦理,提高他们保护自然的实践能力,是"为了自然"的自然探究的追求,也是自然维度开发的终极目的。从这一视角出发,综合实践活动资源自然维度的开发还应该遵守下面提到的一些原则:第一,要从道德伦理的角度审视自然探究的目的、过程以及手段,在对自然资源进行利用的过程中,一定不能随心所欲,而是要严格地遵守伦理道德要求,从道德角度去开发课程资源,使课程活动的展开符合道德要求;第二,要鼓励学生履行自己所探究的保护和改善自然环境的计划。

(二)社会维度

综合实践活动课程的重要支撑点是社会维度。在学生与他人、学生与自然的关系之中,社会为支点体现在学生的合作、协商、友爱、尊重等品质和能力的养成的各个方面之中。因此,综合实践活动课程资源开发的社会维度必须得到重视。

1. 人际关系是探究的重要内容

"与他人的关系很大程度上决定了学生生活的基调和质量,其中主要包括亲子关系、师生关系、同伴关系等,如何理解这些关系、如何与他人和谐相处本身就是综合实践活动课程资源的重要探究主题。"[1]因此,人际关系不仅仅局限于在学校之中的师生交往、学生交往,同样也存在于家庭之中,并且每一类关系都对学生的发展有着重大影响。

2. 参与并反省社会生活

我们每一个人都是社会生活的参与者。学生的学习本身就是生活的一部分。学校如果把学生置于"一心只读圣贤书"的位置,完全把教育与社会生活隔离开来,就剥夺了他们参与社会生活、融入和体验社会生活,并

---

[1] 张华,李树培. 论综合实践活动课程开发的自我维度[J]. 教育发展研究,2008(24):60-66.

不断在社会中去进一步反思和改造社会生活的良好机会。所以，综合实践活动课程在开发社会维度时要把重点放在引导学生关注社会现象、投入社会生活上，要使学生在对社会生活的参与和反思中不断地去提升自己的社会实践能力和社会责任意识。

3. 在社会探究中体现移情性与伦理性

人的社会性的养成和提升，是综合实践活动课程社会维度的主要追求目标之一。教师应引导学生在交往中关心学生群体，同时帮助学生在校园、生活中不断提升其移情的伦理关系。

（三）自我维度

自我维度具体表现为学生个性化的发展以及学生自主能力的不断提升。学生能够独立地对某项任务、主题、活动进行思考，并在深度思考后把所设想的付诸实践，能够承担自己所作出的选择，并不断提升自身敢于负责的意识以及在这一过程中所需要的能力。综合实践活动课程资源必须重视自我维度开发。

1. 自我即丰富的探究资源

"任何一种事物、现象、事件都必须经由'我'的关注和思考才能对'我'产生意义，而同时自我也是进行这种思考的基础，对'我'本身的关注才能促进自我成长，才能促发'我'更好地思考。"[1]综合实践活动课程需要关注学生的"本我"，学校在选择和开发利用资源时，只有考虑到学生的兴趣和需求所在，才能在综合实践活动课程的开展过程中充分而积极地调动学生学习的热情。

2. 在关系中确立和完善自我

"综合实践活动课程资源开发的自然维度、社会维度、自我维度是无

---

[1] 张华，李树培. 论综合实践活动课程开发的自我维度[J]. 教育发展研究，2008（24）：60-66.

法截然分开的,尤其是自我维度必然渗透于每一项探究中,自我的确立和完善正是在每一项探究、每一个活动、每一次交往中实现的。"[1]因此,让学生在课程开展中找到自我并肯定自我是极为重要的,这些过程体验存在于课程进行的每一个小小的细节之中,因此,教师要抓住细节帮助学生不断完善自我。

3. 注重反思性探究

自我的确立和完善只有在关系中才能实现,但这种确立和完善不是有了关系中的活动和体验就可以自动生成,而是必须经由反思性探究才能形成的。例如,上海市顾路中学某一班级在综合实践活动课程探究过程中,某小组确定的题目是"走进生物世界",他们一开始的设想是搞一系列和生物有关的实验和探究活动,其中活动之一是"花艺粘贴"。结果同学们对花艺粘贴特别感兴趣,这一活动就延续下来直到学期结束。学生们采集各色花朵进行设计和粘贴,看似简单的粘贴其实有很多小窍门,学生在动手过程中学到了很多。

---

[1] 张华,李树培. 论综合实践活动课程开发的自我维度[J]. 教育发展研究,2008(24):60-66.

第三节 综合实践活动课程资源的利用

一、综合实践活动课程资源利用的途径

丰富的课程资源是学校开发课程的基础。由于各学校在师资水平、生源质量、办学条件等方面都存在着巨大的差异，因此，学校对课程资源的开发与利用要立足于本学校、本地区的实际情况进行。基于此，学校应因校制宜、因地制宜地制定本学校课程资源开发与利用的机制，通过课程资源库的建立、资源分析和资源规划等实际行动，推动学校课程资源的不断整合与完善。

（一）课程资源库的建立

课程资源库是各种文本资源和非文本资源、校内资源和社区资源等的集合，综合实践活动课程需要大量的课程资源、活动素材为综合实践活动的开展做基础。为更好地实施综合实践活动课程，学校需要建立课程资源库，将校内课程资源和校外课程资源进行整合并加以丰富和充实。因此，一个功能全面的综合实践课程资源库将会有助于教师的课程设计和学生的活动，从而更有效地推动综合实践活动的开展。

学校建立课程资源库的一个重要手段即进行资源调查，"资源调查就

是对学校已有的、有待开发与利用的资源进行整体盘点的过程"。[1]进行资源调查需要经历明确调查目标、制定好相应的计划、投入实地调查、调查报告的最终呈现等环节，从而对学校课程资源进行综合分析和评估。在调查过程中，学校领导及教师都能够及时明确学校到底有哪些课程资源，到底哪些课程资源处于匮乏状态，为了实现课程目标，学校还需要拥有哪些课程资源等。学校根据自身的实际情况进行课程资源的挖掘，从而使得各种课程资源能更有效地发挥作用。

综合实践活动课程资源库的内容很多，主要包括指导教师资源库、学校特色资源库、社区资源库、优秀案例资源库、研究主题资源库等。资源库里的众多资源也需要不断检查更新，持续发展。这些资源库的建立能够为教师综合实践活动课程设计提供借鉴和保障，也能为学生的综合实践活动课程的顺利开展起到积极的推动作用，发挥课程资源的最大价值，保障综合实践活动课程的正常有序开展。

例如，江苏省常州市实验小学引导学生在综合实践活动课程中对社区内的银行、商店等进行社区资源调查、分析，建立了本校独特的社区资源库。以"学校周边300米社区资源圈的打造"为例："以学校为圆心，以300米为半径打造社区活动资源库，引领学生利用社区资源，在开发过程中对规划区内的资源进行调查、统计，对可利用资源进行梳理，并形成相应的社区及周边活动资源库，鼓励学生在活动开展过程中运用并发现更多的资源，充实资源库。"[2]在此案例中，该学校将学校周围的课程资源如饭店、商城、银行等社会资源进行整合和利用建立资源库，使之与学生的综合实践活动课程达到最佳结合，两者结合使得综合实践活动课程的实施变得高

---

[1] 教育部基础教育司，教育部师范教育司.课程资源的开发与利用[M].北京：高等教育出版社，2004：36.

[2] 杨静娟.综合实践活动课程中的资源统整[M].北京：光明日报出版社，2016：182.

效、效益最大化。

因此，学校应该立足于本校的实际建立综合实践活动课程资源库，体现本校特色，并且利用好本校课程资源库打造特色化的综合实践活动课程内容，同时保持课程资源库的不断更新，以此推动综合实践活动课程设计的发展和创新。

（二）课程资源的分析

课程资源分析指的是在资源调查的基础上，系统地将学校所处环境（内部环境与外部环境）中的各种资源分别从优势、劣势、机遇和挑战四个方面进行综合评估，并提出符合实际的应对策略的过程。资源分析立足于资源调查之上，以学校对自身资源现状的了解为基础，从各方面系统地对学校课程资源进行分析。

资源分析需要学校采取不同的方式，如建立资源分析小组，实施头脑风暴法填写学校课程资源分析表，整合不同小组的头脑风暴结果，形成资源分析报告等。在资源分析小组成员对学校课程资源的现状进行系统、客观分析和综合评估的同时，教师、学校领导等资源分析小组成员也能够根据评估结果形成对学校课程资源更加清晰明确的构想，明确优势资源，找出劣势，利用良好的机遇因素开拓课程资源，不仅关注当下，也着眼于未来学校课程资源的发展，据此能够提出更加可行有效的利用课程资源的策略。

基于此，资源分析小组在进行资源分析的过程之中，需要准确、清晰地界定各个维度的概念。在明确综合实践活动课程目标的同时，不应将目光仅仅局限于校内资源的利用，而要放在更多优质的、有价值的未经学校开发的课程资源之上，并且打开资源分析视角，对综合实践活动课程资源的利用提出更加有针对性的可行建议。

（三）课程资源的规划

在资源调查、资源分析的基础上，综合各方面因素将校内外各种资源有选择地纳入学校课程建设的范围，促进资源的整合与共享，这一过程即课程资源的规划。学校课程资源系统是一个复杂的、庞大的资源库，学校的发展与创新需要以此资源库的资源为支持，所以学校要将庞杂的资源有序地、系统性地、类别清晰地保管起来，这就需要学校进行课程资源规划，以便在需要使用时能够及时调配。

进行资源规划是学校最终形成行动计划的关键一步。在资源规划的过程之中，若没有提供相应的制度保障，资源规划很可能只是一纸空文，对活动的开展发挥不了重要的作用。所以，学校在进行资源规划的同时，也应制定相应的应对措施和管理、保障制度，保障资源规划的有序进行，同时利用好校内外优质资源，对学校拥有的课程资源有系统整体的认识，保障课程资源的开发与利用。

因此，在拥有制度保障的前提之下，在进行一系列的资源调查、资源分析之后，学校应着手将相关的课程资源进行规划，推动行动方案的形成。学校不能闭门造车，仅仅依靠自身力量进行课程资源的开发与利用。同时，学校应逐步建立以本校为中心的资源开发与利用机制，保障学校的课程资源的长足发展，以便推动学校综合实践活动课程更加有序地进行。

二、综合实践活动课程资源利用的策略

课程开发者面对的课程资源是丰富的，不同类型的课程开发对课程资源的选择和利用也不同。在综合实践活动课程的开发过程中，开发者在利用课程资源时，需要厘清课程目标，针对课程资源开展调查和分析，从而展现本校本地区的特色。因此，开发者在进行综合实践活动课程资源的利

用时，需要掌握课程资源利用的一些策略。

（一）目标策略

教师在进行课程资源开发和利用前，必须明确课程目标，这能够为教师开发和利用课程资源指引方向。教师在进行综合实践活动课程资源的开发和利用时，面对众多的课程资源可能一时间难以抉择，但只要明确课程目标，就能够选择出具有教育价值、能够促进学生全面发展、满足学生的真实需求、学生真正感兴趣、最契合课程目标、最具有针对性的课程资源。

因此，只要准确把握课程目标，即使是面对某一种具有多方面价值的课程资源，教师也能够精准地选择出最优和最契合课程目标的典型资源。例如，上海市某学校"学做馒头"综合实践活动课程围绕面粉而展开，教师确立了课程目标："首先，能够利用家庭采访获得关于制作馒头的知识，在课堂上操作和应用。其次，通过实验、观察和思考，对揉面团的方法产生疑惑，并能解决问题。再次，通过学做馒头的活动过程，发挥学生的想象力，在'创造'出各式各样的馒头的同时，让学生们体悟到合作的重要性等目标。"[1] 在日常生活中，面粉能够做出许多东西，围绕面粉展开活动就有许许多多的课程资源可以选择和利用。教师在本次探究活动开始之前，精准地设定了学生的学习目标，只围绕一个目标即"学做馒头"让学生进行探究。在面对众多丰富的课程资源之时，教师也能够选择出最具针对性的课程资源。

基于此，在活动开展之前，课程开发者应预先设计好课程目标，在进行教学资源选择之时，再针对课程目标反复斟酌选择教学资源，从而挑选出最适合本次探究活动的课程资源，使学生在探究活动中真正学有所获。

---

[1] 黄捷，曹忠. "生活探究课程"的浦东设计和实例[M]. 上海：上海教育出版社，2017：144–145.

（二）调查策略

课程开发者通过开展需求评估，明确学生真正需要哪些基本的课程资源，从而更有针对性地选择符合学生身心发展特点、具有教育价值的课程资源。在明确综合实践活动课程目标和开展学生需求调查的基础上，选择有价值的课程资源，引导学生进行调查和访问。在进行调查和访问之前，学生应对调查和访问的方法有所了解，例如如何选择调查对象，如何与调查对象进行交流，如何设计访谈提纲和调查问卷，如何进行资料的搜集和整理等。只有这样才能顺利地开展调查和访问，搜集到有价值的资料。

在学生顺利开展相关调查之后，教师要善于引导学生对相关的调查资料进行梳理和分类整理，撰写调查报告，形成可供学生查阅的综合实践活动课程的文献资料，为学生以后进行相关资料的查阅提供便利，从而为学生今后的学习和真实的问题解决奠定良好的基础。在此过程中，学生不仅能够搜集到有价值的综合实践活动课程资源，从而推动综合实践活动课程的开发，而且能够培养自身搜集和处理信息的能力以及与人沟通和交流的能力，为未来的发展打下坚实的基础。

在调查和访问的基础之上，要针对所收集资料进行分析，以对课程资源的分析作为课程开发的起点。主要进行以下分析："从教育外部看，需要分析自然环境、人文环境、地理环境、产业环境、文化构成、人口素质结构等。从教育内部看，需要分析地方、学校教育发展历史基础和教育前景，分析校园环境、学校基础设施建设、图书资料、教材等，分析学生的身心发展、知识、经验等，分析教师的知识、技能等。"[1]通过分析教师就能够对所获得的课程资源逐渐拥有较为全面、清晰的认识，从可行性、科学性等角度准确地把握课程资源的运用价值。值得注意的是，虽然课程

---

[1] 文可义.综合实践活动课程概论［M］.南宁：广西科学技术出版社，2007：92.

内容的选择要立足于学生的需求、兴趣，但违反科学的、违背国家意志的课程内容是不能进入学校课程资源库的，并且对课程资源的选择不仅仅要满足学生的需求和兴趣，也应与实际有着联系。

基于此，利用好综合实践活动课程资源，引导学生进行调查，才能够真正发展学生的探究和实践能力，促使学生的学习方式从根本上发生转变，而学生调查得来的资源也是学校课程资源库的"新鲜血液"，能够为资源库带来新的活力和生命力。

（三）因地制宜策略

在进行课程资源开发之时，由于不同地区和学校的文化不同，学校要准确把握文化的差异性，保持本地区和学校文化的独特性，选择其中有极大价值和优势的资源，去开发具有本地区本学校特色的课程资源，这样学生和教师对课程内容的接受度会提高，也会使教师和学生对课程倍感亲切和熟悉。

课程开发者采用因地制宜策略进行综合实践活动课程资源的利用，需要挖掘社区及学校具有独特价值的特色资源。我们以武汉市武昌区首义路小学"街名趣话"主题的选择与策划为例。首义路的街道纵横交错，究其形成和得名的原因，便会发现大多数街巷都是有来头的，有的来头还不小。首义路小学的学生在学习、生活中都会受到首义文化的潜移默化的熏陶，对首义地区的历史和这些新老地名都津津乐道，所以确定了"街名趣话"这一研究主题。[1]首义路小学就是根据自身所在社区的独特历史底蕴和文化积淀，选择有特色的社区文化，因地制宜地进行特色活动课程资源的开发与利用，使得学生和教师都对课程内容倍感亲切且易于接受，从而提高了学生探究的积极性，最大限度挖掘了课程资源的价值。

---

[1] 郭元祥.综合实践活动课程与教学论[M].北京：人民教育出版社，2013：251.

（四）交流与合作策略

课程开发者在进行综合实践活动课程资源开发时，不能仅将目光局限于校内资源，要拓宽视野，积极与外界进行交流与合作，广泛合理地利用社会各界的力量，这样才能够为课程资源的开发和利用提供保障。因为合作而积聚起来的能量是无法估量的，从合作中所创造的价值也是无法衡量的。通过合作，学校、教师和社会各界的力量都能够充分发挥其优势，从而提高课程资源开发的效率和价值，真正推动课程内容的发展和完善。

开发和利用综合实践活动课程资源时，积极寻求与外界的交流与合作能够发挥出课程资源更大的价值。以上海市凌桥中学"认识植物的探究"为例："在探究过程之中，学生们根据公园的地图和园林工人师傅的推荐，选定生态园区内的植物进行探索和认识，并根据需求分成小组，分别是收集植物名称组、查找植物资料组、寻找植物组、挂牌组。在活动过程之中，学生们围绕进行咨询和收集园区内植物的名称、根据资料打印植物的图文、在园区内寻找到相应的植物等活动展开探究。"[1]此次活动不仅是局限于课堂之内的探究，而且是积极寻求与植物园区的合作，因为植物园区拥有比校园内更好的优质资源。因此课程开发者在进行课程资源利用的时候，应打开视野，积极寻求与植物园区等社会资源的合作，帮助学生更好地进行活动和探究，增强与现实生活的联系，真正发挥出活动课程的价值，使学生学习最终产生一加一大于二的效果。

---

[1] 黄捷，曹忠．"生活探究课程"的浦东设计和实例[M]．上海：上海教育出版社，2017：205-206．

三、课程资源利用中要处理好的几对关系

（一）处理好文本资源与非文本资源的关系

凡是以文本为载体的资源即是文本资源；凡是不以文本为载体的资源即为非文本资源。综合实践活动课程的设计和开发，不仅需要教科书、报刊等文本资源的支持，也需要非文本资源如社区资源、自然资源等的支持。若仅仅使用单一的文本资源作为开发课程资源的支撑，容易造成学生理论和实践的脱节，无法体现综合实践活动课程的实践性、体验性等特点，导致难以实现综合实践活动课程目标，也不利于学生发现和解决问题，难以推动学生的发展。

但综合实践活动课程的开发，仅仅依靠非文本资源的支撑也是远远不够的，两种资源之间应该是各有所侧重、能够相互补充，却不能替代对方的关系。因此，教师在进行课程开发时，应该明晰任何活动课程目标的达成不仅仅是完全依靠某一种资源，而应该合理地、有所侧重地将两者结合起来使用。

上海市浦东新区金陆小学在综合实践活动课程资源的开发与利用过程中，就将文本资源和非文本资源高效地结合起来开展课程。以该校"植物的叶子"综合实践活动课程为例："该课程的展开需要学生利用网络、图书馆等查询植物叶子的药用价值，收集和整理相关药用价值的资料，在此基础上，再到附近的中药房询问、调查、了解，进行亲身实践体验，进一步了解植物叶子的药用价值。"[1]在进行"植物的叶子"探究活动过程之中，学生并没有仅仅停留在文本资源的搜集上，而是将文本资源作为进行非文本资源搜集的基础。首先，学生通过文本资源了解到植物叶子的药用价值，

---

[1] 张华.综合实践活动课程研究[M].上海：上海科技教育出版社，2007：262.

对基本概念有所了解；然后，在此基础上再进一步搜集非文本资源，到中药房进行实地探索和考察，将理论和实践联系了起来。

因此，处理好文本资源和非文本资源的关系增强了活动的实践性和体验性，提高了两类资源的利用效率，促进了学生的探究能力和真实问题解决能力的发展。

（二）处理好校内资源与校外资源的关系

学校拥有许许多多的课程资源，在进行课程资源的开发与利用时，学校及教师往往能更快速、便捷地搜集利用到此类资源，故校内资源往往更具有便捷性、集中性，是综合实践活动课程资源开发与利用的最基本的来源，在开发过程中起主导作用。相反，校外资源往往更分散，在开发过程中仅起辅助的作用。因此如果在开发和利用课程资源时，没有充分开发和利用校内资源，那么校外资源的辅助作用将得不到很好的发挥，对课程资源的开发和利用也只能是一纸空文。

但这种以校内资源为主、校外资源为辅助的方式也并不是一成不变的，也需要学校根据自身实际情况进行调整，妥善处理好校内资源与校外资源的关系。学校应该做到：首先，对校内资源进行充分开发和利用，因为每所学校自身的实际情况不同，学校应从自身实际出发，鼓励师生自主利用好学校图书馆、班级图书角、学校资料室等，提高校内资源的使用率，并要加紧建设一些基础配套设施资源如校园网络及活动场所等，同时鼓励师生自主利用资源，推动活动课程资源的开发和利用机制的完善。其次，有规划地开发校外资源，校外资源是丰富的，不同价值的资源对活动的结果影响不同，需要系统性地进行开发。因此，学校及教师在进行课程资源的开发时，应进行相关资源开发规划并结合自身需求和能力有计划、有步骤地基于活动目标对校外资源进行筛选，选择有效资源，剔除无效资源，放眼于长期性的资源开发，以达到对课程资源的最有效利用。再次，在校内资源与校外资源之间建立资源转换机制，学校一定要利用好潜在的校外课程资源并发挥其教育价值，将目光投向校外的众多机构如博物馆、文体中心、工厂、商店等，通过教育行政部门的协商与其建立长期友好的合作，扩大其对学校的开放程度。

因此，学校协调处理好校内资源与校外资源的关系，能够帮助学生更有效地进行相关探究，校内外资源的协调配合能够真正保障学生探究的效果。

（三）处理好课程资源开发与课程资源利用的关系

课程资源开发与利用的关系是："开发是利用的前提，要做到成本最小化，收益最大化。利用是开发的目的，在利用中促进持续性开发。"[1] 学校应该根据自身实际情况，就如何进行课程资源的开发做好充分规划，有规划、有顺序地进行课程资源的开发与利用，而不是盲目地投入大量的资金和人力，最终消耗了人力和财力却达不到相应的效果，造成资源闲置和浪费；并且，也要充分考虑好开发之后教师是否拥有利用这些有价值的课程资源的能力。只有处理好课程资源的开发与课程资源利用的关系，综合实践活动课程的实施才能够更加有效有序地进行。

同时，课程开发者在进行课程资源开发时应思考以下问题，即开发的课程资源能不能在综合实践活动课程的开展中得以有效利用，从而推动综合实践活动课程的实施。在进行综合实践活动课程资源的开发和利用时，课程开发者需要明确自己的定位，平衡好资源开发和利用的关系，保证资源能发挥最大的价值，从而使综合实践活动课程能够有效进行。

---

[1] 文可义.综合实践活动课程概论[M].南宁：广西科学技术出版社，2007：96.

第六章

综合实践活动课程的实践反思与发展趋势

在世界范围内，综合化的经验课程或活动课程都是学校课程的重要构成部分；鉴于其观照了儿童经验和本性的发展，强化了学校课程与社会生活的关联，因此也是进入近代以来学校课程不断进步的标志。作为一种典型的经验课程，综合实践活动课程正式进入我国学校课程体系也已二十年。反观这些年的实践，我们有一个基本的判断：综合实践活动课程已经成为 21 世纪以来中小学课程体系中最活跃的因素，发挥着特定的育人功能，并在一定程度上改变了学校的教育生态；综合实践活动课程要获得新的发展，必须回应时代和社会的新要求，面向学生核心素养的发展，不断进行变革与创新。在本章，我们将对综合实践活动课程的实践状况进行梳理和反思，并结合当前我国教育发展的现实需求，阐述综合实践活动课程未来发展的基本设想。

第一节　综合实践活动课程的实践反思

实践是检验真理的唯一标准，一门课程是否符合学校教育的实际，同样需要在实践中接受检验。在二十多年的实践过程中，综合实践活动课程从最初的酝酿、实验到全面推广，经受了实践的考验，取得了积极的成就。但是，在我国知识性科目占主导地位、学生注重知识学习的背景下，综合实践活动课程的实施必然会遭遇一些问题，这值得我们去深入思考。同时，学校课程体系是一个"生态圈"，需要处理好综合实践活动课程与其他课程形式的关系，如与校本课程的关系，与学科实践活动的关系等。当然，要提高综合实践活动课程的质量，最根本的是要关注课程设计问题，只有设计出高质量的课程，才能在实践中取得好的成效。

二十年的探索和实践说明，综合实践活动课程是符合我国素质教育改革和发展要求的，得到了广大教师和学生的欢迎。综合实践活动课程能够进入正式的国家课程体系并作为必修课发挥其应有的育人功能，这是其取得成就的最好体现。当然，综合实践活动课程并不能解决所有的问题，尤其在"应试教育"倾向仍然根深蒂固的背景下，我们仍然需要在理论和实践层面继续探索，促进综合实践活动课程的完善和发展。

一、取得的成就

（一）综合实践活动课程正式进入国家课程设置方案

2001年11月，教育部下发《教育部关于印发〈义务教育课程设置实验方案〉的通知》（教基〔2001〕28号），文件要求加强课程的综合性，注重学生经验，加强学科渗透。各门课程都应重视学科知识、社会生活和学生经验的整合，改变课程过于强调学科本位的现象。尤其提出"增设综合实践活动，内容主要包括：信息技术教育、研究性学习、社区服务与社会实践以及劳动与技术教育等。使学生通过亲身实践，发展收集与处理信息的能力、综合运用知识解决问题的能力以及交流与合作的能力，增强社会责任感，并逐步形成创新精神与实践能力"。这意味着综合实践活动课程作为一门正式的课程被纳入国家课程设置方案，成为学校课程体系中不可或缺的一门课。

这一设置方案在中小学校得到了很好的落实，各学校普遍开设了综合实践活动课程。尤其是小学，大多数小学能够严格按国家规定在三至六年级开课，还有一些学校甚至从小学一年级就开课了。初中的情况稍有不同，多数初中严格按国家规定在七至九年级开课，也有不少学校怕影响中考成绩而未在九年级开课。尽管面临着升学压力，但初中还是根据国家要求，在不同年级开设了综合实践活动课程，使其得以常态化实施。（具体参见表6-1）综合实践活动课程被纳入国家课程设置方案，这是我国课程发展史上的重要事件，也是中小学课程向综合化、实践性发展的一次重大突破，具有重要的历史意义。

表 6-1：义务教育课程设置表

课程门类	年级 一	二	三	四	五	六	七	八	九
	品德与生活		品德与社会				思想品德	思想品德	思想品德
								历史与社会 （或选用历史、地理）	
			科学					科学 （或选用生物、物理、化学）	
	语文	语文	语文	语文	语文	语文	语文	语文	语文
	数学	数学	数学	数学	数学	数学	数学	数学	数学
			外语	外语	外语	外语	外语	外语	外语
	体育	体育	体育	体育	体育	体育	体育与健康	体育与健康	体育与健康
	艺术（或选择：音乐、美术）								
	综合实践活动								
	地方与学校课程								

（二）综合实践活动课程得到了中小学校长和教师较为广泛的认同

早在十年前，有学者就对我国综合实践活动课程实施的状况进行了全国性的调查。调查结果发现，无论是校长、教师还是家长，对综合实践活动课程均持有积极的态度。65.8%的校长认为，开设该课是基于其能促进学生综合素质的提高，但也有小部分学校是迫于国家规定才开设的；86.9%的教师认为，有必要开设该课程。家长对该课程的态度以及综合实践活动课程的性质和特点决定该课程的开展更需要家长的支持与配合。在问及家长对该课程的态度时，53.8%的校长和48%的教师认为家长支持，也有不少教师不太清楚家长的态度，说明教师与家长的沟通不够，家长资源开发得还不够。从学生反馈的信息来看，69.4%的学生认为家长支持，只有27%的学生认为家长反对，并且初中家长比小学家长反对者稍多一些，这可能与初中升学任务更重有直接关系。

作为新一轮基础教育课程改革的具体实施者，校长等学校管理人员和一线教师对综合实践活动课程的认识、理解与态度，直接关系到综合实践活动课程实施的水平与效果。而且，多数家长还是支持该课程的，如果教师能够认同该课程的价值并和家长做更多的沟通，还会赢得更多家长的支持。十多年过去了，应该说今天的校长、教师和家长对综合实践活动课程又会有新的认识，对其认同度应该有新的提高。

（三）综合实践活动课程培养了一支专门性的教师队伍

在实施一门新的课程时，最大的问题在于缺少专门的师资队伍。综合实践活动课程在最初引入中小学校的时候也遭遇过这个问题。在职前教师培养体系中，高等师范院校没有专门的系科和专业对应培养综合实践活动课程的师资，这意味着该课程的专任教师必须是在职培养的。这一方面说明综合实践活动课程的落实非常不容易，任课教师需要在完全陌生的情况下承担起课程实施的重任；另一方面，面对这种困难我国中小学教师仍然迎难而上，最终实现了这门课程的育人价值，这是综合实践活动课程所带来的另一重要成就。

学者们在调查综合实践活动课程实施状况的时候也专门针对教师问题进行了调研。他们把问卷发放给被调查学校的所有指导教师，调查后获得的基本情况如下：专职教师占 15.6%，兼职教师占 84.4%，其中兼职教语文的占 32.9%，10 年以上教龄的占多数，多数教师都主持或参与过课题研究。[1] 这些数据反映了全国开课学校教师队伍的基本状况。他们有着丰富的教学经验和一定的课题研究经历，这对于指导综合实践活动课程还是非常有利的。为了更好地实现课程的育人功能，综合实践活动课程的实施需要组建一支专兼职相结合的教师队伍，以利于共同参与指导。目前，多数学校都已组建了一支专兼职相结合的队伍；少数学校全部是兼职教师，或全部是专职教师。学校仅依靠一两个专职教师来指导这门内容广泛的课程是不现实的，而兼职教师没有更多的时间和精力用在这门新课程上，仅靠他们去实施课程也会影响课程实施的效果。学校有必要配备一些专职指导教师，以少量的专职教师带动学校更多的兼职教师共同参与综合实践活动的指导，这样才能更好地落实这门课程。

（四）综合实践活动课程在实践中发挥出重要的教育价值

世纪之交的观念转型和社会变革为我国的人才培养提出了新的要求，综合实践活动课程的开设是对这种要求的回应。二十年的实践说明，这门课程较好地承担了创新人才培养的功能，体现了素质教育发展的基本理念。我们以综合实践活动课程的核心部分——研究性学习为例，研究性学习作为一门课程的价值也恰恰回应了社会变革的需求。

一是研究性学习可以培养学生质疑、探究的精神，培养学生综合运用

---

[1] 冯新瑞，王薇. 我国综合实践活动课程实施现状调研报告［J］. 课程·教材·教法，2009（1）：17.

知识解决实际问题的能力。我们认为，研究性学习对传统教育提出的最大挑战是，它不再让学生把书本知识看作是绝对的、固定不变的真理，而是让学生通过自主探究去质疑、去探究，逐步使其形成一种在日常学习与生活中喜爱质疑、乐于探究、努力求知的心理倾向。学会质疑、学会创新是新时代对人才的基本要求，研究性学习体现出了鲜明的时代色彩。同时，研究性学习的开展还可以激活学生的原有知识储备，通过解决实际问题和类似科学家的探究性活动，提高学生综合运用知识的能力。

　　二是研究性学习可以使学生发展情感，端正态度，形成正确的价值观。情感、态度和价值观教育是提升品德修养、培养健全人格所必不可少的，但却被传统的课程与教学所忽视。而研究性学习超越了单一的知识目标，把情感、态度、价值观教育融入探究和学习活动之中。通过研究性学习，学生可以体悟到要关爱自然，热爱生命；要敢于质疑，不断进取；要尊重他人的想法和成果，培养严谨的科学态度；要具备克服困难、百折不挠的意志品质等。通过研究性学习，学生也懂得了科学知识对于自然、社会与人的意义和价值，学会了关心国家、社会和他人，从而使自己的精神境界得到升华，塑造完满的道德人格。

　　三是研究性学习让学生学会参与，学会合作。参与合作的意识和能力是现代人所应具备的基本素质，研究性学习是培养这种素质的理想途径。它允许并鼓励每一个学生参与其中，提供了一个有利于沟通、交流与合作的良好空间；它加强了学生之间的交流和合作，培养了合作学习的能力，增强了团体的凝聚力，增进了同学之间的友谊。研究性学习的过程，实际上就是一个参与、合作的过程，在这个过程中，学生可以培养乐于合作的团队精神，学会交流思想并分享研究成果，在欣赏自己的同时，也学会欣赏别人。因此，从根本上来说，研究性学习创造的是一种新型的学校文化和学习文化，而参与、合作构成了这种文化的内核。

二、存在的问题

(一) 校长和教师对综合实践活动课程的认识不足，落实不到位

综合实践活动课程给校长的课程管理和教师的课程实施都带来了很大挑战。它跟传统的学科课程差别很大，如果校长和教师对其理解不到位、认识不足，则容易带来实践上的偏差。例如，很多一线教师不能把握综合实践活动课程的本质，要么将综合实践活动课程学科化，也就是当成一门传统的科目去讲授；要么将综合实践活动课程当成其他学科的延伸，在课堂上进行教学和"讲解"。这显然都违背了开设综合实践活动课程的初衷。不少教师选择综合实践活动课时，没有充分考虑到学生的兴趣，强制性地为学生选择课程主题，使学生围绕自己不喜欢的主题进行实践活动，减弱了学生实践活动的兴趣，不利于促进学生个性的发展。

再者，不少学校根本就没有配备专门的综合实践活动课程教师，多数教师是由不同学科的任课教师兼任，这也带来了不少问题。不少教师仍然限于传统的思维，在心底还是认为"主科"重要，综合实践活动课程仅仅是"应付性"的课程，这样的心态导致了课程开设质量不高。甚至不少教师认为没必要花大功夫去实施综合实践活动课程，怕影响"主科"成绩。这些认识上的误区影响了教师的积极性和主动性，效果自然也大打折扣。

要解决这个问题，就要提高校长和任课教师的意识和素养。综合实践活动课程没有现成的教材，找不到现成的教案设计或活动设计，没有具体的可操作性强的教学目标或参考资料，且领域宽泛、内容丰富。再者，综合实践活动课程以主题活动的设计与实施为载体，更加强调师生的多边活动，要求教师转变角色，做指导者、协调者和帮助者，最大限度地为学生提供全面的、充分的发展机会。下面是几位中小学教师的反思，颇具代表性：

"综合性学习没有教材，没有自己所熟悉的教学套路，而且学习内容具有广泛性和不确定性，学生研究的问题很多都超出了教师的专业范围，教师几乎没有专业知识的优势。加之，学习方式方法是新型的，教师本身就缺乏研究方法和一些现代知识。教师自己都不知道发现问题，不知道如何研究问题，又如何去指导学生、影响学生？"

"感觉学生提出的问题五花八门，没有水平，但是老师又不知道该如何处理。学生对老师提出的大主题不太感兴趣，但是如果让学生说自己喜欢的问题，学生有的喜欢研究汽车，有的喜欢研究外星人，有的喜欢研究甲骨文，等等。他们感兴趣的我感觉研究不了，我能研究的学生又不感兴趣。"

要提升校长和教师实施综合实践活动课程的能力和素养，必须对其进行系统的培训。一是学校可以聘请其他学校优秀的综合实践课教师定期对本校的综合实践课教师进行培训。通过分析本校的综合实践活动课程的实施过程，指出其中值得肯定和需要改进的地方，解答教师在实施时遇到的困惑。二是聘请相关专家对教师进行理论层面的指导，因为教师在相关理论知识方面还是比较欠缺的，亟需相应的理论培训。"学校可以定期将教师送往其他学校观摩学习，共同研讨教学方法，让教师对综合实践课有一个感性的认识。同时，学校可以通过组织笔试和观摩课等形式考查教师的培训效果，让教师在亲身的教学实践中生成问题、解决实际问题，让教师在'做中学'。"[1]

（二）传统的评价体系不利于综合实践活动课程的开展

在我国"应试教育"的传统没有根本改观的前提下，单纯从考试和评价的角度来看，综合实践活动课程在既有的评价体系和价值判断中很难找

---

[1] 吴欣芮，许佳铭. 小学综合实践活动课程实施中存在的问题与对策研究[J]. 江苏理工学院学报，2017（3）：129.

到自己的位置。"考试指挥棒"仍然是影响中小学校课程实施的关键因素，也就是说，凡是进入中考和高考的科目就备受重视，非考试科目则被明显弱化。在这种情况下，传统的评价体系是不利于综合实践活动课程的开展的。尽管我国也对高中学生进行综合素质测评，而综合实践活动课程的实施有助于提高学生在综合素质测评中的成绩，但在目前的高考制度下，综合素质测评并不是决定性的因素，因此也难以消除综合实践活动课程被弱化的现象。

综合实践活动课程是一门实践性的课程，它的评价方式有别于传统的学科课程的评价，不能以纸笔测验的成绩来衡量学生的学习。再者，大部分学校缺乏对综合实践活动课程任课教师的评价机制，对教师的课堂方式、责任心等评价不到位；教师缺乏对学生进行鼓励的意识，仍然以考试成绩高低来定位学生的学习结果，对学生的价值观、态度、情感的引导更是少之又少。

"应试主义"取向的教育价值观在家长心目中也是根深蒂固的，这导致家长不重视、不积极支持学生开展综合实践活动课程。综合实践活动课程没有固定的、体系化的知识内容，没有学科课程性的教材作为依托，需要各校利用自身的课程资源和社会教育资源，共同来开发和建设。但广大的家长还没有从"应试教育"的传统观念中解脱出来，重视考试科目、轻视其他学科的倾向依然严重，家长对综合实践活动这门课程对学生发展的作用认识不到位，无形中对活动的开展起到了很大的阻碍作用。这一点在农村学校尤其突出。例如，一位小学教师总结了自己的感受：

"刚开始，我上网搜集了许多综合实践的资料，联系自己学生的实际，和学生共同确定了活动主题'我爱我家'，让学生自由组合成小组，共同讨论活动内容和方案，利用课余时间去完成任务，然后通过课堂交流反馈活动成果。有的小组计划为父母做一顿可口的饭菜，还有的计划为父母洗脚。我自认为下次上课汇报成果时，一定会收获多多，但结果并非如此。下次上课汇报成果时，我发现由于农村大部分家长知识面较窄，对素质教育的认识不够，他们总把目光盯在考试科目上。计划为父母洗脚的，家长不让；想下厨为父母做菜的，妈妈怕孩子烫着，爸爸说：'孩子连刀都拿不动，不能切菜。'……这说明这部分家长对综合实践课还不了解，他们认为这些事与学习无关，没什么意思。综合实践活动课程在我们农村小学刚起步，就连作为老师的我们也是摸着石头过河，更不能奢望在这么短的时间内就得到所有家长的支持与帮助。"

（三）课程定位不明确，难以处理与其他课程的关系

在实践中，不少学校和任课教师将综合实践活动课程"学科化"，也就是将其作为一门与其他学科并列的课程去讲授；或者将其融入某一门课程，将综合实践活动课程窄化；鉴于国家没有规定综合实践活动课程的课程标准和内容体系，不少学校完全将其作为校本课程来实施，在实践中也存在"随意化"的倾向。这些问题说明，在实践层面，综合实践活动课程的定位并不明确，需要正确处理与其他课程的关系。

综合实践活动课程与其他课程的关系确实比较复杂。它是一门有着独立教育价值的课程，在学校教育过程中发挥着独特的育人功能，因此它的独立性不可置疑。但在具体实施过程中，综合实践活动课程与其他学科又是相互依托的：学生只有运用在其他学科中获得的知识和技能才能更好地开展综合实践活动和研究性学习；通过实践和探究获得的知识和技能又反过来有助于其他学科课程的学习。而且，在一些需要进行实践教学的课程中（如科学、物理、化学、生物等），学科实践与综合实践又可以打通进行，这样才能发挥实践育人和综合育人的效果。

综合实践活动课程与校本课程的关系也比较复杂。从二者联系来看，

主要有以下几个方面：（1）综合实践活动课程属于国家课程，是学校必须开设的一门必修课程。它不是一门校本课程，但需要利用校本开发的理念与技术。综合实践活动课程的开发性质是：国家规定、地方指导、校本开发。在实施上，综合实践活动课程依赖于学校开发，也依赖于地方管理。（2）校本课程开发的类型有三种：选用、改编和新编。校本开发的课程范围指教育行政部门颁发的《课程计划》中规定的"学校开发的课程"，以及国家课程中的"综合实践活动"部分，也就是说，学校开发的校本课程也可以是实践性课程的形式。这是综合实践活动课程与校本课程的基本关系。（3）二者课时可以结合使用。《义务教育课程设置实验方案》指出："综合实践活动是国家规定的必修课，其具体内容由地方和学校根据教育部的有关要求自主开发或选用。综合实践活动的课时可与地方、学校自主使用的课时结合在一起使用，可以分散安排，也可以集中安排。"二者区别也主要有四个方面：（1）权限上的不同。综合实践活动是国家规定的必修课程；校本课程则是学校自主开发设计的课程，可以选修也可以必修。（2）从设计上来讲，综合实践活动课程是达到国家规定的基本教育目标的课程，特别强调学生基本学习能力的培养；校本课程也考虑学生的个性发展，但更考虑学校办学理念和办学特色。（3）设计过程上不一样。综合实践活动课程是根据国情来设计的；校本课程是学校层面根据学校办学理念与学校实际开发与设计的。（4）校本课程是学校自主决定的课程，目的是满足学生和社区的发展需要，强调多样性与差异性，学生有选修的权利；一般侧重学生兴趣类、学校特色类和乡土类课程；课程开发的主体是教师，通常以选修课的形式出现。而综合实践活动课程是国家课程，是必修课，由学生选择学习目标、内容、方式及指导教师。[1]

---

[1] 田慧生.综合实践活动课程的理论探索与实践反思［M］.北京：教育科学出版社，2007：17.

第二节 综合实践活动课程的发展趋势

综合实践活动课程不仅仅是改变了以知识为中心组织课程的一种课程组织方式，更重要的是，它反映了课程价值观的深层变革。综合实践活动的价值，正是体现在这些课程价值观的转变上。此外，综合实践活动课程在设计上要体现综合学习的特点，突出综合性、实践性和探究性将是综合实践活动课程未来发展的重要方向。以此为基础，综合实践活动的课程实施也会随之发生一些新的变化，期待未来有新的突破和发展。

一、综合实践活动课程的价值将进一步凸显

（一）综合实践活动体现了整体主义的课程观

整体主义的课程观强调人的整体性、社会的整体性和知识的整体性。人是拥有复杂多样性的一个整体，人的知识经验不能被肢解为各块独立的部分，学校所开设的各门课程不过是从各个侧面切入这个整体的一种尝试。教育不仅仅意味着知识的传授和技能的培养，而且还应当重视身体的、情感的、审美的、伦理道德的等人的发展的各个方面。但是传统的分科主义的教育却是与此相对立的。分科主义课程过于强调知识的逻辑性，为了有效传递知识而把知识分为各个学科，而真实的、生活中的知识都是整合的，

因此这种分门别类的知识就远离了学生的经验世界，学生在学习过程中也只能死记硬背，不能进行有意义的学习。整体主义的课程观强调体验性的学习，因为这种体验性学习更有利于学生在情感、审美、伦理道德等方面获得自然的发展。综合实践活动从这种整体主义的课程观出发，尊重学生的经验和体验，倡导学生进行自主探究，让学生在自主探究中关注人与自我、人与社会和人与自然的关系，把他人、社会和自然作为一个整体来看待，从而发展学生完美的人格，促进他们德智体美等方面的全面均衡发展。

（二）综合实践活动致力于培养学生的创新精神和实践能力

综合实践课程是一门实践性的课程。它不像学科课程那样注重学科知识的基本概念、原理和命题，它不注重学科知识的逻辑结构，不局限于课程教学，而是注重学生的实践和活动，让学生走出教室，融入社会，融入自然，为学生的自主探究与实践开辟了大量空间。另一方面，传统的学校教育遵循精英主义教育的导向，追求标准化的答案，追求培养规格的"千人一面"和整齐划一，这在很大程度上限制了学生思维的开放性和灵活性，因此这种教育对培养学生的创新精神有不利影响。与此相对，综合实践活动不是为了追求一个标准答案，学生的实践活动和探究活动没有固定答案，甚至不需要答案，它关注的是学生参与探究、参与实践、参与反思的过程。它倡导自主探究和实践，在自主探究中，学生不断反思、不断发现问题并解决问题。在这个过程中，学生会产生创新思维的火花，从而既锻炼了自身的实践活动能力又培养了创新能力。因此，这种实践性的课程也为学生的创新提供了可能。如果说素质教育的核心理念就是培养学生的创新精神和实践能力，那么综合实践活动无疑是实施素质教育的一种理想的课程形式。

（三）综合实践活动体现出课程的开放性和生成性

综合实践活动是一门开放性的课程。它所秉持的不是精英主义的培养导向，而是大众主义的，是面向所有学生的。每一个学生都有接受平等的教育的权利，都有独特的兴趣、爱好、个性心理特征。综合实践活动既然倡导学生的主动探究，就已经内在地蕴涵着尊重学生的差异性和个体存在的独特性，因此它是观照全体学生的。它关注学生的经验，因此必须以开放性的内容框架容纳学生多样化的生活经验，关注学生表现的过程，而不是固定的结果。这样看来，综合实践活动也具有生成性特征。它是过程取向的，而不是追求终结性的结果。它是在学生的活动和实践的过程中生成的，而不是预先规定的。教育是经验的产物，而经验是生成性的，是在生活中不断展开的。综合实践活动基于学生的经验组织课程，必然也具有这种生成性。

二、综合实践活动课程的设计将突出综合性、实践性和探究性

（一）综合实践活动课程的活动类型

我国著名课程论专家钟启泉先生曾指出，要培育学生多种实践技能，需要注重"3E"的活动构成，即所对应的英语单词的第一个字母都为 E 的三种活动——"探究"（Explore）、"表达"（Express）、"交流"（Exchange）。[1] 这种理解为分析综合实践活动课程的活动构成提供了新的视角。从这个视角可以发现，综合学习是围绕探究、表达和交流这三种核心活动而进行的。借鉴这种观点，可以建构一个由探究、表达、交流三维活动组合起来的"3E 综合学习模型"（如下图 6-1）。

---

[1] 钟启泉，安桂清. 研究性学习理论基础［M］. 上海：上海教育出版社，2003：151.

综合实践活动课程探索 | 183

```
           ┌─────────────────┐
           │  探究(Explore)  │
           │   网络检索      │
           │   问卷调查      │
           │   观察、访谈    │
           │   文献研究      │
           └────────┬────────┘
                    │
              ( 综合学习 )
                ╱       ╲
┌──────────────┐         ┌──────────────┐
│ 表达(Express)│         │ 交流(Exchange)│
│  数据分析    │         │  小组分享     │
│  结果介绍    │         │  作品展示     │
│  网页制作    │         │  交换电子邮件 │
│  撰写报告    │         │  校际交流     │
└──────────────┘         └──────────────┘
```

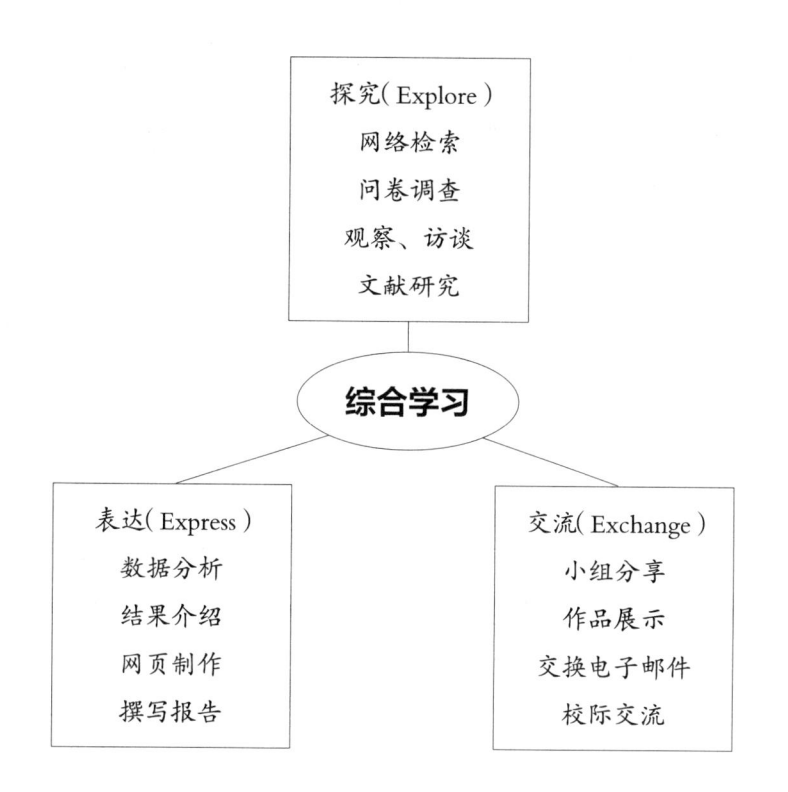

图 6-1：研究性学习的"3E 综合学习模型"

综合学习是与传统的分科学习不同的一种学习方式。现代教育制度的确立是以分科教学为其基本特征的，最有效地传授作为法定课程内容的制度性知识是分科教学的基本追求。这种分门别类地传授学科知识的分科教学可以有效、系统地将知识传递给下一代，但往往不自觉地忽视了学生认知领域之外的发展目标。从学生均衡发展的角度来看，要对分科教学的弊端作出纠正，则需要借助综合学习来发挥分科教学之外的教育功能。综合学习致力于克服分科学习所体现的认知主义对生活知识和经验的漠视，寻求学生在个性、身体、情感、认知、价值观和态度以及实践技能等方面的整体发展。研究性学习体现了综合学习的价值导向，尤其是在实践技能方面有效弥补了分科学习的不足。分科学习强调的是通过各门学科知识的传授而发展学生的认知能力；综合学习则在发展学生认知能力的同时，也关注了实践技能的发展。

在综合实践活动课程实施过程中，实践性和探究性将越来越突出。研究性学习是相对于接受式学习而言的，探究活动贯穿于研究性学习的整个过程。因此，学生的探究就构成了设计研究性学习方案的基本维度。所谓"探究"，就是针对某一问题而展开的搜集信息、调查分析、获得数据和得出结论的活动过程。在研究性学习中，学生进行的探究带有模仿学习的性质，不同于成年人的探究。研究性学习更加追求探究的过程对学生整体发展的价值。研究性学习中的探究活动主要包括：通过各种途径收集资料（包括通过网络和多媒体整合各种资源）、问卷调查、观察、访谈以及文献资料的阅读和分析等。

所谓"表达"，它既包括了认知主体将零散的信息加以整合从而认识事物性质的内部认知过程，又包括了将内部认知结果公布于外界的外显行为过程。因此，表达是学生整理思路、发表见解和提出创新性成果的基本手段，是体现研究性学习活动得以开展的基本途径。如果没有表达活动，学生就没有机会整理探究中的发现和得出的结论；如果没有表达活动的介入，教师就无法对学生的活动状况作出指导和评价，学生同伴之间也不能相互了解彼此的收获，进行探讨和交流。研究性学习中的表达活动主要包括：数据分析、结果介绍、网页制作和撰写研究报告等。

所谓"交流"，它是学生向外界公布研究结果、发展其沟通表达能力的主要途径，也是学生获得成功体验的重要手段，因此交流构成了设计研究性学习活动的另一基本维度。如果说分科学习以学生个人自主性的学习活动居多的话，那么在研究性学习中，学生之间的合作学习则居多，他们需要信息的沟通与交流，需要小组合作共同解决问题。这样，交流就显得尤为重要。研究性学习中的交流活动主要包括：小组分享、作品展示、交换研究心得（包括以电子邮件的方式进行）以及校际的观摩与交流等。

（二）综合实践活动课程设计的目标趋于多样化

作为综合学习的一种具体方式，综合实践活动课程强调对所学知识、技能的实际运用，注重学习的过程和学生的实践与体验。因此，在目标的设计上不仅关注认知目标，还关注实践技能目标和情感态度价值观的养成。例如，在研究性学习部分，教育部在《普通高中"研究性学习"实施指南（试行）》中规定，研究性学习要体现如下目标：（1）获得亲身参与研究探索的体验；（2）培养发现问题和解决问题的能力；（3）培养收集、分析和利用信息的能力；（4）学会分享与合作；（5）培养科学态度和科学道德；（6）培养对社会的责任心和使命感。教师在指导学生设计研究性学习活动方案的时候，需要考虑这些目标的达成。这样，研究性学习的目标为方案设计提供了导向，是学生进行研究性学习活动的指针。

第一，要为学生获得亲身参与研究探索的体验而创造条件，提供机会。研究性学习强调学生通过自主参与类似于科学研究的学习活动，获得亲身体验。这种体验的机会应面向全体学生，调动他们的积极性，使其真正参与而不是游离于活动之外。

第二，研究性学习活动要以发现问题和解决问题为核心，培养学生解决问题的能力。研究性学习通常围绕一个需要解决的实际问题展开，在学习的过程中，通过引导和鼓励学生自主地发现和提出问题，综合运用所学知识设计解决问题的方案，收集和分析资料，调查研究，得出结论并进行成果交流活动。通过这样的研究过程，学生才能发展其获得信息、处理信息的能力，为将来真正的研究奠定基础。

第三，研究性学习活动的开展需要小组合作，而不是"单打独斗"。

因此，学会分享与合作就成为研究性学习的重要目标。合作的意识和能力是现代人所应具备的基本素质。研究性学习的开展将努力创设有利于人际沟通与合作的教育环境，使学生学会交流和分享研究的信息、创意及成果，发展乐于合作的团队精神。

第四，通过研究性学习的开展，培养学生的科学态度、科学精神和科学道德，培养学生对社会的责任心和使命感。学生要认真、踏实地探究，实事求是地获得结论，尊重他人的想法和成果，养成严谨求实的科学态度和不断追求的进取精神，磨炼不怕吃苦、勇于克服困难的意志品质；通过社会实践和调查研究，学生要深入了解科学对于自然、社会与人类的意义与价值，学会关心国家和社会的进步，学会关注人类与环境和谐发展，形成积极的人生态度。

三、综合实践活动课程的实施面临新的挑战

要实施综合实践活动课程，关键一点是教师观念的转变。长期以来，教师在自身定位上总是以教学过程的"主导"自居，忽视了学生学习的主体性；在教学方法上往往对于单向度的知识灌输得心应手，忽视了学生的自主探究；在评价方式上往往擅长纸笔测验，追求标准化的统一答案，对于过程性的评价、开放性的答案则很不习惯。但综合实践活动以其全新的理念对这些传统观念和做法提出了挑战，这无疑预示着教师观念必须要发生重大转型。

（一）教师要改变学生观和教学观

在学生观方面，学生不是消极的知识"接受器"，不是教师进行知识灌输的"容器"，而是知识的积极建构者，具有主动性，是学习的主体，而不是被动接受知识的对象。这样，教师也要转变自身角色，应该改变"师

道尊严"的面孔,放下作为权威和"知识的化身"的架子,作为研究者、组织者、引导者和促进者,与学生一起学习,一起探究,对学生的探究进行积极引导,促进学生的个性化发展,而不是仅仅提供一个标准化答案。

在教学观方面,有意义的知识不是教师手把手地"教"给学生的,而是在具体情境中通过教师和学生的对话而由学生自己建构的。长期以来,教师惯用的灌输手法导致学生习惯于机械接受和死记硬背,根本谈不上有意义的学习。教师必须改变自身所习惯的适用于课堂教学的教学模式,以启发式的、引导性的教学取代知识灌输,积极为学生的自主探究创造条件,这样才能实现综合实践活动的课程目标。

(二)学校要转变评价观

评价的功能不仅仅在于甄别与选拔,更在于提供反馈以改进学习,促进学生的进一步发展。综合实践活动课程的评价更要淡化其甄别与选拔功能,打破只重结果的终结性评价,而要注重过程,关键要通过评价促进学生展现个性化的存在,展现多元的思维能力和发展的潜力,切忌以标准化的统一答案要求学生。因此,对综合实践活动课程的评价,纸笔测验已经无能为力,而"档案袋评定""自我评价"以及协商研讨等"问诊式"的评价是可资借鉴的或行之有效的评价方法。

(三)在实施过程中要加强教师的指导

尽管综合实践活动课程强调学生进行自主探究与发现,但不能因为强调学生在学习中的自主性而淡化了教师的作用。实践证明,教师的正确指导是学生顺利开展研究性学习的保证。教师是综合实践活动课程的直接参与者,他们对综合实践活动课程理念的把握,对活动方案设计的指导以及对研究程序熟悉的程度等都直接影响着综合实践活动课程开展的效果。可以说,教师的指导是综合实践活动课程能够顺利开展的至关重要的保证,没有教师的组织、指导与帮助,学生很难自主进行探究式的学习活动。

一是对学生选择研究课题进行指导。学生往往对选择什么样的研究课题比较困惑，迟迟不能决定研究什么。在这种情况下，教师要积极进行引导，调动学生的兴趣和知识背景，帮助他们厘清思路，确定适合自己的研究题目。教师要帮助学生明确所选课题的意义、内容以及所要解决的问题；确认研究方案是否切实可行，如研究所需的人力、物力、财力、时间等条件是否具备。还有，学生对于研究的课题也不能很好地把握，教师要帮助他们确定，题目是否过大，要易于研究实施的深入；要找准问题的切入口，要易于研究实施的着手；研究活动所需资料是否来源多，是否容易搜集，等等。

二是研究方法的指导。这主要是指告诉学生进行课题研究时的一些方法论方面的知识和研究技能。确定适当的研究方法对于综合实践活动课程的开展非常重要，因为不同类型的探究活动需要不同的研究方法。在这方面需要教师向学生介绍常用的科研方法、资料收集和分类的方法，如观察法、问卷调查法、文献法、案例分析法等等。此外，学生在如何收集资料、处理信息等方面也缺少经验，教师要帮助学生去收集、处理信息和数据。实践证明，学生在研究方法方面遇到的困难很多，因为在日常学习中他们主要是记忆和理解书本知识，对于如何开展研究则几乎没有涉及。这就需要教师加强研究方法的指导。

三是及时进行心理疏导和耐挫折教育。在开展探究活动的时候，学生可能要面临很多课堂教学中不曾遇到的问题，譬如要走出校园，要进入很多陌生的情境。由于学生缺乏实践经验，因此很可能遭遇一些挫折或者不开心的问题。在这种情况下，不少学生在遇到挫折时难免会心灰意冷，这就需要教师及时进行耐挫折教育，以培养学生遇到困难不退缩、坚韧不拔的精神和意志力；通过给予引导和强化而让学生学会合作，发展学生乐于合作、善于合作的团队精神。当然，在综合实践活动课程实施过程中，教师要促使学生主动参与研究活动，从而获得积极的情感体验，以培养他们主动求知、乐于探究的心理品质和勇于创新的精神。

从教师的指导活动也可以看出，教师在综合实践活动课程中的角色发生了很大的变化，由原来的管理者、解释者和评判者转变为合作者、协调者和服务者。在学习活动的整个过程中，学生是活动的主体，教师考虑更多的是怎样更好地给予指导，教给学生正确的态度、研究技能和思维方法。这是综合实践活动课程开展的重要基石，也是教师在新课程改革中需要担当的重要职责和使命。

四、综合实践活动课程展望

综合实践活动课程中的"综合"，核心意思在于合为一体，在于凝聚与统摄，是"整合"而不是简单的"拼合"，其结果是通过"综合"这一过程而把相关的因素或成分合成一个新的统一整体。在未来的发展过程中，综合实践活动课程将进一步凸显"综合"这一基本的特征，同时也会融入新的时代元素以回应社会发展的要求，以在人才培养中发挥更大的功能。

综合实践活动课程是综合课程的具体形式。综合课程是指从跨学科的角度整合两门以上的学科内容所形成的课程。综合课程与分科课程相对立，它是对分科课程的一种补充。综合课程突破了分科主义的思维模式，从整体主义的视野出发，把学习者对学科知识的学习跟学校外的社会生活及其需要和兴趣紧密结合在一起，以发展完满的人性，培养和谐发展的社会公民。课程内容的组织必须使学习者将所学的概念、原理、原则关联起来，成为有意义的整体。

综合课程在实践中有很多具体的表现形态。根据课程内容、综合程度和综合方式的逻辑关系，可以将综合课程分为相关课程、融合课程、广域课程和核心课程。[1]相关课程是指在保留原来学科的独立性基础上，寻找两个或多个学科之间的共同点，在教学时可以让不同学科的内容能够相互照应或穿插进行教学；融合课程是指把部分的科目统合兼并于范围较广的新科目，选择对于学习者有意义的论题或概括的问题进行学习；广域课程是指合并数门相邻学科的内容而形成的综合性课程；核心课程是指围绕一些重大的社会问题组织教学内容，又被称为问题中心课程。

综合课程其实就是以整合或统整的方式把相关学科领域的知识组织在一起，它所倡导的更多的是一种课程综合化的理念，以打破分科主义的倾向，不再对具有整体性的知识和经验进行分解，为学习者提供一种整体性的认知途径。综合课程是与分科课程相对立的一种课程形态，它将具有内在逻辑的或价值上相关联的原有分科课程内容及其他形式的课程内容统整在一起，旨在消除各类知识之间的界限，通过传授给学习者整体性的知识，使他们形成关于世界的整体性认知，并养成深刻理解和灵活运用知识以综合解决现实问题的能力。

作为综合课程的一种，综合实践活动课程将进一步突出综合课程的作用，主要表现为：一是从认知的角度来说，进一步为学生的发展提供整体的知识和观念，促使学习者在不同领域的知识之间建立关联；二是从心理学的角度来说，强调学习者的心理发展逻辑，按学习者的心理需要以及兴趣和好奇心来编制，更好地促进学生的个性化发展；三是从学习者社会化的角度来说，综合实践活动课程将进一步加强知识与社会生活的联系，帮助学生运用所学知识去解决实际问题。

---

[1] 有宝华.综合课程论[M].上海：上海教育出版社，2002：214.

参考文献

（一）图书

[1][苏]阿莫纳什维利.孩子们，祝你们一路平安[M].朱佩荣译.北京：教育科学出版社，2002.

[2][巴西]保罗·弗莱雷.被压迫者的教育学[M].顾建新等译.上海：华东师范大学出版社，2001.

[3][美]理查德·塔纳斯.西方思想史[M].吴象婴等译.上海：上海社会科学院出版社，2007.

[4][加拿大]大卫·史密斯.全球化与后现代教育学[M].郭洋生译.北京：教育科学出版社，2000.

[5][美]杜威.民主主义与教育[M].王承绪译.北京：人民教育出版社，1990.

[6][奥地利]弗里德里希·希尔.欧洲思想史[M].赵复三译.南宁：广西师范大学出版社，2008.

[7]郭元祥.综合实践活动课程国内外案例分享[M].北京：高等教育出版社，2003.

[8]何兆武，陈启能.西方近代社会思潮史[M].济南：山东教育出版社，2001.

[9][美]霍华德·加德纳.多元智能[M].沈致隆译.北京：新华出版社，1999.

[10]教育部师范教育司.教师专业化的理论与实践[M].北京：人民教育出版社，2001.

[11] [荷兰]杰罗姆·范梅里恩伯尔等.综合学习设计[M].盛群力等译.福州：福建教育出版社，2012.

[12] [美]拉塞尔·L.阿克夫等.翻转式学习[M].杨彩霞译.北京：中国人民大学出版社，2015.

[13] 联合国教科文组织国际教育发展委员会.学会生存——教育世界的今天和明天[M].华东师范大学比较教育研究所译.北京：教育科学出版社，1996.

[14] [德]齐格蒙·鲍曼.立法者与阐释者：论现代性、后现代性与知识分子[M].洪涛译.上海：上海人民出版社，2000.

[15] 施良方.学习论——学习心理学的理论与原理[M].北京：人民教育出版社，1994.

[16] 田慧生.综合实践活动课程的理论探索与实践反思[M].北京：教育科学出版社，2007.

[17] 田慧生，冯新瑞等.综合实践活动有效实施与评价策略[M].北京：教育科学出版社，2016.

[18] [美]小威廉姆·多尔.后现代课程观[M].王红宇译.北京：教育科学出版社，2000.

[19] 熊川武.反思性教学[M].上海：华东师范大学出版社，1999.

[20] 杨明全.课程论[M].北京：中国人民大学出版社，2016.

[21] 有宝华.综合课程论[M].上海：上海教育出版社，2002.

[22] 张华.经验课程论[M].上海：上海教育出版社，2000.

[23] 钟启泉，安桂清.研究性学习理论基础[M].上海：上海教育出版社，2003.

[24] 钟启泉，黄志成.美国教学论流派[M].西安：陕西人民教育出版社，1993.

（二）期刊

[1] 冯新瑞，王薇.我国综合实践活动课程实施现状调研报告[J].课程·教材·教法，2009（1）.

[2] 顾明远.教师应该是学生成长的引路人[J].中国教师，2017（1）.

[3]郭元祥.综合实践活动呼唤教师的有效指导[J].教育科学研究,2006(8).
[4]花明.基于课改背景下教师课程开发能力的提升[J].职教论坛,2011(20).
[5]李芒.论综合实践活动课程与教师的教学能力[J].教育研究,2002(3).
[6]李剑.综合实践活动课程中教师角色的转变[J].教学与管理,2010(5).
[7]刘玲.综合实践活动课程在我国的演变与发展[J].中小学管理,2017(12).
[8]刘艳,江琴娣.支架教学在学习障碍领域中的应用[J].现代特殊教育,2017(12).
[9]彭玉华.简论"教师是学生发展的促进者"[J].中小学教学研究,2005(07).
[10]宋立.综合实践活动教师角色的转变[J].成才之路,2007(19).
[11]宋时春.试论教师对课程的重建[J].教育与职业,2004(9).
[12]宋时春,张华.教师成为研究者:新课程的教师角色期待[J].语文建设,2002(11).
[13]万伟.综合实践活动课程关键能力的培养与表现性评价[J].课程·教材·教法,2014(2).
[14]王小明.表现性评价:一种高级学习的评价方法[J].全球教育展望,2003(11).
[15]吴欣芮,许佳铭.小学综合实践活动课程实施中存在的问题与对策研究[J].江苏理工学院学报,2017(3).
[16]杨明全.以人文促教化:我国传统儒学课程考辨[J].课程·教材·教法,2017(6).
[17]钟启泉.研究性学习:"课程文化"的革命[J].教育研究,2003(5).
[18]张华,仲建维.综合实践活动课:价值分析和问题透视[J].当代教育科学,2005(12).
[19]张丽华.综合实践活动课程区域教研工作视角[J].基础教育论坛,2014(7).
[20]周波.综合实践活动课程视阈下教师角色的转变[J].中国成人教育,2011(23).
[21]周雪娇.论综合实践活动课程评价的目的与原则[J].现代教育科学,2007(4).

(三)英文文献

[1] Marsh, C. J. (2004). Key Concepts for Understanding Curriculum. London and New York: Routledge Falmer.

[2] Schubert. W. H. (1997). Curriculum: Perspective, Paradigm, and Possibility. Prentice-Hall.

[3] Pinar, W. F. (2004). What is Curriculum Theory? [M]. Lawrence Erlbaum Associates, Inc.

[4] Wiles, J. & Bondi, J. (2007). Curriculum Development: A Guide to Practice [M]. Pearson Education, Inc.

[5] Paula Rogovin. The Research Workshop: Bringing the World into Your Classroom. New York: Ludlow Music, Inc.

后 记

今天，我们重新审视综合实践活动这一课程形成，追踪该课程政策发展的基本历程、梳理该课程变革的基本脉络，深入挖掘其育人意义和教育价值，总结学术理论观点和中小学校的实践经验，这对于展望未来、努力推动理论创新并建构符合我国特色的综合实践活动课程实践模式具有积极的意义。本书正是这一研究成果的集中体现，也是我主持的2019年中国教育科学研究院基本科研业务费专项基金项目"新时代素质教育内涵及推进策略研究"（课题批准号为GYC2019006）的成果。

感谢教育部教育发展中心副主任陈如平研究员将此书纳入"中国基础教育高质量发展丛书"，正是陈主任的鞭策和鼓励才使得本书得以成稿。本书第三章由张丽华撰写，第五章由张良、易伶俐、康颖瑜撰写，对这些作者的付出一并感谢！同时感谢山东友谊出版社的编辑为本书付出了大量心血。

愿以本书敬献我国基础教育课程改革事业，不当之处敬请批评指正！

宋时春
中国教育科学研究院
2022年1月